Dreimal Deutsch

In Deutschland | In Österreich | In der Schweiz

Arbeitsbuch
von Uta Matecki

Ernst Klett Sprachen
Stuttgart

1. Auflage   1 $^{5\,4\,3}$ | 2015 14

Alle Drucke dieser Auflage sind unverändert und können im Unterricht nebeneinander ver-
wendet werden.
Die letzte Zahl bezeichnet das Jahr des Druckes. Das Werk und seine Teile sind urheberrecht-
lich geschützt. Jede Nutzung in anderen als den gesetzlich zugelassenen Fällen bedarf der
vorherigen schriftlichen Einwilligung des Verlags. Hinweis zu §52a UrhG: Weder das Werk
noch seine Teile dürfen ohne eine solche Einwilligung eingescannt und in ein Netzwerk
eingestellt werden. Dies gilt auch für Intranets von Schulen und sonstigen Bildungseinrich-
tungen. Fotomechanische oder andere Wiedergabeverfahren nur mit Genehmigung des
Verlags.

Autorin Uta Matecki

Redaktion Lucie Palisch, Eva Neustadt
Layoutkonzeption Marion Köster, Stuttgart
Illustrationen (S. 12, 14, 28 + 49) Sven Palmowski
Gestaltung und Satz Marion Köster, Stuttgart
Herstellung Sandra Vrabec, Ulrike Wollenberg
Umschlaggestaltung Marion Köster, Stuttgart
Druck und Bindung AZ Druck und Datentechnik, Kempten

ISBN 978-3-12-675241-1

Inhalt

Auf den ersten Blick

Landschaften

1 Übertragen Sie möglichst viele Fakten aus dem Steckbrief „Deutschland in Stichwörtern" in die Karte unten. Ein Atlas oder eine Deutschlandkarte kann Ihnen dabei weiterhelfen.

→ **TIPP** Im Lesebuch „Dreimal Deutsch" finden Sie eine geografische Karte auf S. 7.

2 Formulieren sie mit Hilfe der Redemittel einen Text zum Thema „Deutschland geografisch". Beginnen Sie so:

Die Bundesrepublik ist ungefähr 357 000 Quadratkilometer groß. Von Norden nach Süden beträgt die Entfernung 880 Kilometer, von Osten nach Westen sind es circa 640 Kilometer. Die Alpen sind …

Redemittel

Im Westen / Osten / Norden / Süden …
Der Berg / der See liegt … / befindet sich …
Der Fluss fließt durch …
Deutschland grenzt an …
Die Temperatur / die Höhe / die Fläche beträgt …
Das Gebirge erstreckt sich …

3 Entwickeln Sie einen ähnlichen Steckbrief mit Zahlen und Fakten für Österreich und die Schweiz. Informieren Sie sich dazu auf der Seite 68 und im Internet.

Deutschland in Stichwörtern

Fläche / Ausdehnung: ca. 357 000 km², N – S ca. 880 km, O – W ca. 640 km

Wichtigste Gebirge: Alpen, Schwarzwald, Erzgebirge, Bayerischer Wald, Harz, Eifel

Höchster Berg: Zugspitze 2962 m

Wald: Anteil insgesamt ca. 30 %

Wichtigste Flüsse: Rhein, Elbe, Donau, Weser

Größte Seen: Müritz, Bodensee, Chiemsee

Meere: Nordsee, Ostsee

Nationalparks: Harz, Sächsische Schweiz, Schleswig-Holsteinisches Wattenmeer, Müritz u. a.

Beliebte Urlaubsregionen: Bayerischer Wald, Ostsee- und Nordseeküste, Mecklenburgische Seenplatte, Schwarzwald, Rheintal

Nachbarländer: Belgien (B), Dänemark (DK), Frankreich (F), Luxemburg (L), Niederlande (NL), Österreich (A), Polen (PL), Schweiz (CH), Tschechien (CZ)

3   2   1

4   **a. Lesen Sie die Werbeanzeigen für die Urlaubsregionen und ordnen Sie sie den Fotos zu.**

1

Lüneburger Heide

Besuchen Sie die einzigartige Landschaft der Lüneburger Heide mit ihrem prächtigen Blütenmeer, zahlreichen Wäldern und Mooren. Die Stadt Lüneburg, die der Region ihren Namen gegeben hat, ist ein idealer Ausgangspunkt für eine Tour mit dem Fahrrad. Aber auch zu Fuß oder mit der Pferdekutsche lässt sich die Lüneburger Heide gut erkunden. Dabei können Sie den typischen Bewohnern – den Heidschnucken – begegnen.

2

Ein Paradies für Wander- und Kletterfreunde
– das sind die Lechtaler Alpen im westlichen Österreich. Die vielen Wanderwege und Hütten des Alpenvereins ermöglichen kurze Ausflüge sowie mehrtägige Touren durch das Kettengebirge. Wer nach Abenteuer und Abkühlung sucht, findet sie im Tal an den Ufern und auf dem (wilden) Wasser des Lech. Eine Raftingtour bleibt ein unvergessliches Erlebnis für Groß und Klein.

3

Vielfalt erleben

Wasser, Kultur, Natur und mildes Klima – all das bietet Ihnen die Urlaubsregion Bodensee. Ein Rad- und ein Wanderweg führen Sie durch die drei Länder rund um den See. Unterwegs können Sie zahlreiche malerische Städtchen, Galerien, Ausstellungen oder herrliche Parks besuchen. Ein Abstecher auf die Blumeninsel Mainau ist dabei ein Muss.

b. Schreiben Sie eine ähnliche Werbeanzeige für eine andere Urlaubsregion in Deutschland, Österreich oder in der Schweiz.

5   **Ergänzen Sie das Kreuzworträtsel. Die markierten Felder ergeben – von oben nach unten gelesen – die Lösung.**
    → **TIPP:** Bei den Antworten hilft Ihnen z. B. das Lesebuch.

1. größter Fluss in Deutschland
2. Mittelgebirge an der Grenze zu Frankreich
3. Wien ist die Hauptstadt von …
4. größter See im Norden Deutschlands
5. Dreiländersee in Süddeutschland
6. Mittelgebirge nördlich von Frankfurt a. M.
7. bekannter pyramidenförmiger Berg in der Schweiz
8. Hochgebirge in Deutschland
9. höchster Berg in Deutschland
10. wichtigster Fluss Österreichs
11. Die Elbe fließt in die …
12. größtes Nachbarland Deutschlands

LÖSUNGSWORT: Nationalpark

1. RHEIN
2. SCHWARZWALD
3. ÖSTERREICH
4. MÜRITZ
5. BODENSEE
6. TAUNUS
7. MATTERHORN
8. ALPEN
9. ZUGSPITZE
10. DONAU
11. NORDSEE
12. FRANKREICH

In der Mitte Europas

1 Ordnen Sie den Begriffen die Erklärungen zu.

1. die Mentalität
2. das Gesetz
3. die Steuer
4. die Zollgebühr
5. der Bürger

☐ Abgabe, die man an den eigenen Staat zahlen muss
☐ Bewohner einer Stadt oder eines Landes
☐ wie eine Person oder eine Gruppe von Menschen denkt und sich verhält
☐ Abgabe, die man an einen Staat zahlen muss, wenn man Waren einführt
☐ Regel, die das Leben innerhalb einer Gesellschaft organisiert

2 Lesen Sie die folgenden Aussagen zum Thema Europäische Union. Welcher Meinung stimmen Sie zu? Was sehen Sie anders? Diskutieren Sie.

1. »Ein einheitlicher Wirtschaftsraum und der Euro als gemeinsame Währung: das sind die praktischen Vorteile der EU.«

3. »Wir sollten die unterschiedlichen Kulturen der EU-Länder kennen lernen und dies als Chance nutzen, um unseren Horizont zu erweitern.«

2. »Eine starke Europäische Union ist wichtig für Frieden, Freiheit und Demokratie.«

5. »Die EU-Politik interessiert mich nicht. In Straßburg und Brüssel herrscht sowieso nur Chaos.«

4. »Die Bürokratie und die vielen Sprachen behindern die Arbeit der EU.»

3 a. Hören Sie die Meinungen der verschiedenen Personen. Zu welchen Aussagen aus Aufgabe 2 passen sie? ◎1

Claudia 3   Frau Wentker 4   Herr Herrmann 1   Frau Schmidt 5   Herr Endler 2

b. Hören Sie die Meinungen noch einmal. Entscheiden Sie, ob die Aussagen richtig oder falsch sind.

	richtig	falsch
1. Claudia macht ihren Abschluss in Paris.	☒	☐
2. Frau Wentker findet, dass die EU-Länder bestimmte Probleme zusammen besser lösen können	☐	☒
3. Herr Herrmann hat ein Geschäft in England.	☒	☐
4. Frau Schmidt findet, dass man nicht gut über die EU-Politik informiert wird.	☒	☐
5. Herr Endler meint, dass auch in einem geeinten Europa die nationalen Eigenheiten der Mitgliedsländer bleiben sollen.	☐	☒

gut!

4 Lesen Sie die Meinung von Martin Meyer und ergänzen Sie in dem Text die folgenden Nomen.

die Demokratie | der Austausch | die Stimme | der Streit | die Staaten | der Frieden | die Zukunft | der EU-Bürger

„So etwas wie die Vereinigten .... von Europa wird es wohl nie geben, es gibt ja auch keine gemeinsame Sprache. Ideal wäre natürlich, wenn jeder .... eine oder zwei Fremdsprachen beherrschen würde. Nur so kann es meiner Meinung nach einen echten .... zwischen den Kulturen geben.
Das Europa der .... stelle ich mir wie eine große Familie vor, die nach den Regeln der .... funktioniert. Dass es manchmal auch .... gibt, ist ganz normal. Ich finde es aber gut, dass die EU für Sicherheit und .... in Europa sorgt. Deshalb gebe ich auch bei den Europa-Wahlen meine .... ab."

5 Welche zwei Schlagzeilen beschäftigen sich jeweils mit demselben Thema? Verbinden Sie.

Europa, einig Reiseland

WAS DIE BILDER
DER EUROMÜNZEN VERRATEN

Europa war eine schöne Prinzessin

Grenzüberschreitendes Arbeiten möglich

■ Brüssel kostet zu viel Geld ■

Europa hat die Wahl

Vielfalt in der Einheit

375 Millionen EU-Bürger geben ihre Stimme ab

Keine Grenzkontrollen mehr
für EU-Touristen

Viel Unterschiedliches unter einem Dach

Europawährung erzählt Geschichten

Mobilität für Arbeitnehmer
wird erleichtert

EU-HAUSHALT FRISST MILLIARDEN

Woher hat Europa
seinen Namen?

6 Erläutern Sie die Grafik. Was sind Ihrer Meinung nach die Gründe für die großen Unterschiede bei der Studierendenmobilität?

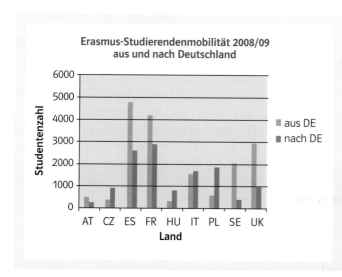

Erasmus-Studierendenmobilität 2008/09
aus und nach Deutschland

Redemittel

Die Grafik / das Schaubild / die Tabelle / die
Übersicht gibt Auskunft darüber …
Die Statistik zeigt / stellt dar, dass …
Aus der Grafik / Tabelle kann man lesen / erfährt
man / geht hervor, wie (viele) …

Ich vermute / nehme an, dass …
Wahrscheinlich / vermutlich …
Ein Grund dafür / für … könnte sein, dass …

	Österreich	Tschech. Republik	Spanien	Frankreich	Ungarn	Italien	Polen	Schweden	Groß- britannien
aus DE	475	349	4752	4207	341	1549	580	2061	2927
nach DE	291	873	2624	2853	803	1680	1904	349	990

Man spricht Deutsch

1 Wo / wann / wie viele Stunden / warum / bei wem haben Sie Deutsch gelernt? Führen Sie im Kurs eine Umfrage durch. Tragen Sie die Ergebnisse in eine Tabelle ein und fassen Sie diese anschließend zusammen.

Wo? ☐ in der Schule ☐ im Sprachkurs ☐ privat ☐ woanders
Wie lange? ☐ < als 1 Jahr ☐ > als 1 Jahr ☐ > als 3 Jahre ☐ > als 5 Jahre
Warum? …

2 **a.** Haben Sie schon einmal von der „Deutsch-Olympiade" gehört? Welche Textpassagen beinhalten Informationen zu den folgenden Punkten? Geben Sie jeweils die entsprechenden Zeilen an.

Regeln und Beispiele ....
Reaktionen des Publikums ....
Was ist die Deutsch-Olympiade? ....
Welchen Nutzen haben die Schüler von dem Projekt? ....
Vorbereitung im Schulunterricht ....
Welche Schüler werden besonders angesprochen? ....

Die Deutsch-Olympiade

Die Deutsch-Olympiade ist ein Sprachwettbewerb für die Jahrgangsstufe neun an allen Schulformen. Die Teilnahme ist freiwillig und die Schülerinnen und Schüler werden in einer spezifischen Unter-
5 richtsreihe, die in die Deutschstunden integriert ist, auf die verschiedenen Aufgaben vorbereitet. Dabei üben sie sich in den Disziplinen Reimen, Umschreiben, Erzählen, Erklären und Darstellen. Die Teilnehmer lösen die Wettbewerbs-Aufgaben
10 in Vierer-Teams und tragen die Ergebnisse auch gemeinsam vor. Für die Disziplin Reimen z. B. müssen die Team-Mitglieder nach kurzer Bedenkzeit zu einem durch den ersten Satz vorgegebenen Thema im Wechsel jeweils
15 zwei gereimte Verse mündlich ergänzen – und das zwei Minuten lang. In der Disziplin Erklären muss ein zusammengesetztes Fantasiewort, das nicht im Wörterbuch steht, vorgestellt werden. In einer Art Referat erläutern die vier Kandidaten z. B., was das
20 Wort „Wolkentasche" oder „Sparkrampf" bedeutet und was es Wissenswertes darüber zu sagen gibt. Die Deutsch-Olympiade fördert Ausdrucks- und Darstellungsfähigkeit der Schülerinnen und

Schüler. Sie üben den kreativen und intelligenten Umgang mit Sprache und vertiefen ihre sprachli- 25
chen und sozialen Kompetenzen auf spielerische Art und Weise.
Besonders wichtig ist die Zusammenarbeit im Team. Die Mitglieder der Gruppen entwickeln gemeinsam ihre Ideen, müssen einander zuhören 30
und für die Auftritte gut aufeinander „eingespielt" sein. Den Zuschauern bei den Finalrunden macht es riesigen Spaß zu erleben, wie die Kandidaten auf der Bühne mit Spontaneität, Ideenreichtum und Witz die Aufgaben meistern. Für besonders gute 35
Umsetzungen und Aktionen gibt es frenetischen Applaus. Bei der Bewertung durch die Jury spielen neben Einfallsreichtum und Team-Arbeit auch sprachliche Richtigkeit und der Gesamteindruck der Präsentation eine Rolle. 40
Auch viele Lehrende sind begeistert von der Bereicherung der Deutschstunden durch das Projekt „Deutsch-Olympiade" und sagen, dass oftmals Schülerinnen und Schüler profitieren, die sonst im Unterricht weniger erfolgreich sind. 45

b. Lesen Sie den Text noch einmal und kreuzen Sie an.

	richtig	falsch
1. Die Deutsch-Olympiade ist ein Projekt nur für Schülerinnen und Schüler der 9. Klassen.	☐	☐
2. Alle Schulen müssen im Rahmen des Deutschunterrichts teilnehmen.	☐	☐
3. Jeweils vier Schüler und Schülerinnen arbeiten als Gruppe zusammen.	☐	☐
4. Die Teams müssen in zwei Minuten ein möglichst langes Gedicht schreiben.	☐	☐
5. Der Wettbewerb stärkt die Teamfähigkeit der Teilnehmer.	☐	☐
6. Die Zuschauer klatschen oft begeistert Beifall.	☐	☐

3 **a. Bilden Sie Vierer-Teams. Jedes Team schreibt zehn Begriffe auf und tauscht seine Begriffe mit einer anderen Gruppe. Üben Sie dann in Ihrem Team die Disziplin Umschreiben.**

In der Disziplin Umschreiben erklären drei Teammitglieder mit jeweils einem Satz ein vorgegebenes Wort. Das vierte Mitglied hat nur einen Versuch, das gesuchte Wort herauszufinden:

Vorgabe: WÖRTERBUCH
A: Ich brauche es, wenn ich eine fremde Sprache lerne.
B: Man kann darin etwas nachschlagen.
C: Es kann sehr klein sein oder ganz groß und schwer.

b. Notieren Sie in der Gruppe den ersten und den letzten Satz einer Geschichte und tauschen Sie die Sätze mit einer anderen Gruppe. Üben Sie nun in Ihrem Team die Disziplin Erzählen.

In der Disziplin Erzählen soll jedes Team eine Geschichte entwickeln und erzählen. Ein Mitglied beginnt mit dem ersten Satz und jeder ergänzt der Reihe nach jeweils einen Satz, bis ein Teammitglied mit dem Endsatz abschließen kann.

Vorgabe: erster Satz: Der Nebel wurde immer dichter. ...
　　　　　letzter Satz: Das Essen schmeckte uns besonders gut.

A: Der Nebel wurde immer dichter.
B: Wir versuchten verzweifelt, das Boot auf Kurs zu halten.
C: Aber nach kurzer Zeit hatten wir die Orientierung verloren.
D: Plötzlich hörten wir ganz in der Nähe ...
A: ...

c. Führen Sie im Kurs eine Deutsch-Olympiade durch. Wie stellen Sie sich z. B. die Disziplin Darstellen vor? Erfinden Sie auch neue Disziplinen und legen Sie genaue Vorgaben fest.

4 **Lesen Sie den Dialog und die kurzen Beschreibungen der Dialekte. Hören Sie dann den Dialog in drei Versionen und ordnen Sie jeder Dialekt-Beschreibung das richtige Beispiel zu. ◎ 2**

Tourist: Guten Tag. Entschuldigung, können Sie mir sagen, wie ich von hier zum Bahnhof komme?

Einheimische(r): Das ist ganz einfach. Sie gehen hier geradeaus bis zur übernächsten Kreuzung. Da, wo die Ampeln stehen, Sie können die Lichter ja schon sehen. Und dort gehen Sie nach links in die Bahnhofstraße. Nach 300 Metern müssen Sie noch die Ringstraße überqueren und dann sind Sie schon da.

Tourist: Vielen Dank für die Auskunft. Auf Wiedersehen.

Einheimische(r): Nichts zu danken. Wiedersehen.

Sächsisch: Sächsisch wird in Sachsen und Thüringen gesprochen. Sächsisch erkennt man vor allem daran, dass die Wortendungen verschluckt werden. Statt *haben wir* oder *sind wir* sagt man *hammer* und *simmer*. Auffällig ist, dass es kaum harte Konsonanten gibt, aus *k* wird *g* (*Acker = Aggor*), aus *t* wird *d* (*Taschentücher = Daschndieschor*) und aus *p* wird *b* (*Papa = Babba*). Auch die Vokale bleiben nicht verschont – das *a* klingt z. B. wie *o* (*Arbeit = Orbeit*). Beispiel ....2......

Schwäbisch: Das Schwäbische gehört zur alemannischen Dialektgruppe und wird in Teilen Baden-Württembergs und Bayerns gesprochen. Die Schwaben lieben es ökonomisch, sie sparen auch bei den Vorsilben (*gekommen = komme*) und den Endungen (*Wäsche = Wäsch*). Es gibt „exotisch" klingende Nasalvokale (*unangenehm = õãgnem*) und die Umlaute *ö* und *ü* werden als *e* und *i* gesprochen. Sehr oft hört man auch das *sch* (*fest = feschd*) und Verkleinerungsformen wie *Ländle*. Beispiel .....1.....

Schweizerdeutsch: Schweizerdeutsch ist die Sammelbezeichnung für alle in der Deutschschweiz gesprochenen, sehr unterschiedlichen Dialekte. Das *n* am Ende eines Wortes fällt oft weg (*essen = ässe, Mann = Maa*) und die Endung *-ung* wird in fast allen schweizerdeutschen Dialekten als *-ig* gesprochen (*Kreuzung = Chrüüzig*). Die andersartige Betonung vieler Wörter (häufiger auf der ersten Silbe) gibt dem „Schwyzerdütschen" eine ganz eigene *Melodie*. Beispiel ....3.....

Das alltägliche Leben

Die liebe Familie

1 a. Ordnen Sie die Begriffe den abgebildeten Lebensmodellen zu. Es sind mehrere Varianten möglich.

der Single | die Eheleute | der Nachwuchs | die Scheidung | das Einzelkind | der / die Alleinerziehende | der Hausmann | das Sorgerecht | die Patchwork-Familie | unehelich | verheiratet

b. Was ist typisch für diese Lebensformen? Kennen Sie auch andere?

2 Lesen Sie den Text und suchen Sie zu jeder Lücke das passende Wort aus.

Klassische Familie – ein Auslaufmodell?

Ist die klassische Familie „out"? Diese Frage stellen _____ (1) Sozialwissenschaftler, Politiker, Demographen und interessierte Zeitgenossen aufgrund der aktuellen Entwicklungen immer häufiger. Eine traditionelle Familie, das bedeutet _____ (2) die meisten immer noch: Mann und Frau, verheiratet, mit zwei _____ (3). Bis in die fünfziger und sechziger Jahre des letzten Jahrhunderts war dieses Lebensmodell tatsächlich fast das einzig denkbare. Heute dagegen findet man in Deutschland und auch in anderen europäischen _____ (4) zahlreiche alternative Lebensformen.

Junge Menschen lassen sich mit dem Heiraten und mit dem eigenen Nachwuchs mehr Zeit. Frauen entschließen sich immer später _____ (5), Kinder zu bekommen. In Deutschland liegt das Durchschnittsalter der Mütter _____ (6) ca. 30 Jahren und die Geburtenrate bei etwas mehr als 1,3 Kindern je Frau. Immer mehr dieser Kinder kommen unehelich zur Welt, d.h. die Eltern sind nicht verheiratet. Besonders _____ (7) den großen Städten ist der Anteil der Alleinerziehenden sehr hoch.

Auch geheiratet wird in der Bundesrepublik immer später und nicht alle Ehen halten ein ganzes Leben _____ (8). In Deutschland kommen auf 1000 Einwohner 2,3 Scheidungen, die meisten _____ (9) Ehen dauern nur 5 Jahre oder sogar weniger. Ein positiver Aspekt bei den vielen Scheidungen heute ist wohl, _____ (10) in 90% der Fälle das Sorgerecht bei beiden Eltern bleibt.

(1) ihnen	(2) für	(3) Enkel	(4) Ausland	(5) damit
sich	über	Kinder	Städte	daraus
denen	gegen	Kindern	Ländern	dazu

(6) bei	(7) aus	(8) über	(9) dessen	(10) weil
um	nach	lang	dieser	wenn
über	in	kurz	seiner	dass

3 Schauen Sie sich die Grafik an. Welche der Beschreibungen unten sind richtig, welche falsch? Kreuzen Sie an.

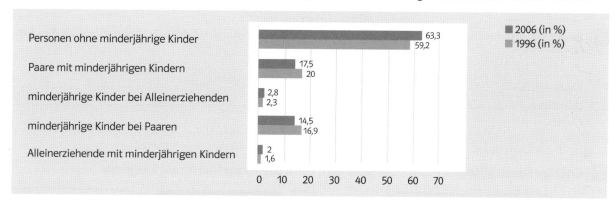

	richtig	falsch
1. Die Übersicht zeigt, dass der Anteil der Alleinerziehenden mit minderjährigen Kindern um 4 % gesunken ist.	☐	☐
2. Der Anteil der Paare, die mit minderjährigen Kindern leben, lag 2006 bei 17,5 %.	☐	☐
3. Im Zeitraum von 1996 bis 2006 ist die Zahl der minderjährigen Kinder, die bei nur einem Elternteil aufwachsen, weiter gestiegen.	☐	☐
4. Die statistischen Angaben machen deutlich, dass immer mehr Menschen ohne minderjährige Kinder leben.	☐	☐
5. Der Anteil der Kinder unter 18, die bei Paaren leben, hat um 2,4 % zugenommen.	☐	☐

4 **a. Was bedeutet für Sie Familie? Lesen Sie die Meinungen zum Thema Familie und schreiben Sie Ihre eigene auf.**

1. »Familie ist für mich das Wichtigste im Leben. Ich möchte auf jeden Fall einmal heiraten und eine eigene Familie mit zwei oder drei Kindern haben.«

2. »Familie? Kann manchmal ganz schön nerven. Aber ich weiß, dass ich mich immer auf meine Eltern und Geschwister verlassen kann, wenn ich mal Hilfe brauche. Das ist ein gutes Gefühl.«

3. »Ich habe noch keine eigene Familie, aber ich habe einen großen Freundeskreis. Das ist für mich auch eine Art Familie. Jeder braucht Menschen, denen er vertrauen kann und die für ihn da sind.«

b. Sammeln Sie die Meinungen aller Kursteilnehmer und gestalten Sie damit ein Plakat. Versuchen Sie die Umfrage auszuwerten und Zusammenfassungen zu formulieren.

5 **a. Verbinden Sie die Satzteile zu bekannten Sprichwörtern.**

1. Trautes Heim,
2. Kleine Kinder, kleine Sorgen,
3. Vater werden ist nicht schwer,
4. Blut ist dicker
5. Der Apfel fällt

☐ nicht weit vom Stamm.
☐ Glück allein.
☐ Vater sein dagegen sehr.
☐ als Wasser.
☐ große Kinder, große Sorgen.

b. Klären Sie die Bedeutung der Sprichwörter. Gibt es in Ihrer Sprache ähnliche oder andere Sprüche zum Thema „Heiraten, Familie, Kinder"?

Die Lichter brennen

1 Bilden Sie zusammengesetzte Wörter mit den folgenden Bestimmungswörtern. Ergänzen Sie auch den Artikel.

→ **TIPP** Sie können im Lesebuch auf den Seiten 14 und 15 nach Beispielen suchen.

Weihnachts-

Advents-

Christ-

2 Erzählen Sie die Bildergeschichte. Finden Sie auch einen passenden Titel für die Geschichte.

3 **a.** **Hören Sie die Berichte der vier Personen und beantworten Sie die Fragen.** ◎3

1. Bei wem beginnt der Heilige Abend stressig? *Zimmermann*
2. Wer feiert den Heiligen Abend allein zu Hause? *Anna*
3. Wer verbringt den 24. Dezember ganz ruhig im kleinen Familienkreis? *Funke*
4. In wessen Familie werden weihnachtliche Traditionen gepflegt? *Schneider*

Anna
2

Herr Funke
3

Frau Schneider
4

1 Frau Zimmermann

b. Hören Sie die Aussagen ein zweites Mal. Wer spricht von den Aktivitäten in der Liste unten?
Kreuzen Sie an.

	Anna	Frau Zimmermann	Herr Funke	Frau Schneider
Baum schmücken	X	X		X
Lieder singen	X	X		
Gedichte aufsagen	X			
Gans essen	~		X	X
In die Kirche gehen		X	X	X
Einen Spaziergang machen				

4 **Schreiben Sie einen Brief oder eine E-Mail an einen deutschen Freund und berichten Sie über die**
Weihnachtsfeierlichkeiten in Ihrem Land.

5 **Schreiben Sie ein Elfchen zum Thema Weihnachten.** → TIPP Als erstes Wort eignet sich auch gut ein Adjektiv.

Ein Elfchen ist ein kurzes Gedicht mit elf Wörtern und einer einfachen Struktur.

1 Wort
2 Wörter
3 Wörter
4 Wörter
1 Wort

Weihnachten
Es schneit
Die Lichter brennen
Gleich läutet das Glöcklein
Bescherung

Kirche, Feste und Bräuche

1 **a. In Deutschland werden Feste mit langer Tradition gefeiert. Aber auch neue sind in der letzten Zeit dazu gekommen. Tragen Sie die Feste in den Jahreskreis ein.**

→ **TIPP** Informationen dazu finden Sie im Lesebuch auf den Seiten 16 und 17, in einem Kalender oder im Internet.

Ostern | Silvester | Oktoberfest | Karneval / Fasching | Heilige Drei Könige | Halloween | Pfingsten | Advent | Muttertag | Valentinstag

b. Wie sieht der Jahreskreis für die Festtage in Ihrem Heimatland aus?

2 **a. Welche Feste sind auf den Fotos abgebildet?**

....

b. Sammeln Sie Informationen und Bildmaterial zu einem der Feste in den deutschsprachigen Ländern und halten Sie einen Vortrag im Kurs. → **TIPP** Orientieren Sie sich an den w-Fragen (was, wann, wo, wie, wer, warum …)

Liebe Claudia,
30 Jahre hier auf Erden, das muss doch gefeiert werden.
Du bist eine Rarität, ein Einzelstück mit Qualität.
Und kommen auch die ersten Falten, du zählst noch lang nicht
zu den Alten.
Du wirst schon sehn: Mit 30 wird's erst richtig schön!
Und dabei ist nur eines wichtig. Sei, wie du bist, so ist es richtig.

Die besten Wünsche zum 30.
Deine
Evi + Andreas

Hey Max,
die erste eigene Bude – das ist
schon was Tolles! Dazu sagen wir:
Herzlichen Glückwunsch! Leb dich in
der neuen Heimat gut ein, aber vergiss
dabei auch nicht deine alten Freunde!
Also, alles Gute!
Tina, Vicky, Leo, Harry und Flo

PS: Hoffen, dass es bald
eine Einzugsparty gibt.

Liebe Tina,

Kindergartenzeit ade,
jetzt lernst du das ABC.
Stolz wirst du den Ranzen tragen
und die Lehrer vieles fragen.
Ein neuer Abschnitt nun beginnt,
wir wünschen, dass er dir gelingt.
Alles Gute zu deinem großen Tag,
liebes Enkelkind

Von deinen Großeltern aus Bielefeld

Liebes Brautpaar!
Wir wünschen Euch zu Eurer
Hochzeit alles Gute und dass dieser
Tag ein besonderer in Eurem Leben
wird. Für die gemeinsame Zukunft
möchten wir Euch 10 gute Wünsche
mit auf den Weg geben:

Liebe   Harmonie   Humor
Glück   Verständnis
                    Zufriedenheit
Geduld   Vertrauen
                              Freude
        Gesundheit

Eure Nachbarn aus der
Schubertstraße
Familie Schulze-Reimann

3 **a. Zu welchen Anlässen wird in den Glückwunschkarten gratuliert?**

b. Wählen Sie einen der vier Anlässe für eine Feier aus und besprechen Sie mit Ihrem Partner die Organisation:

– Wen laden Sie ein?
– Was müssen Sie vorher organisieren?
– Wie soll das Fest ablaufen?
– Was ziehen Sie an?

c. Schreiben Sie für Ihre Feier eine Einladung an den Absender der Glückwunschkarte.

→ **TIPP** Vergessen Sie nicht, den Ort und Termin der Feier anzugeben.

So wohnt man

1 **a. Wer wohnt Ihrer Meinung nach in diesen Zimmern?**
Begründen Sie Ihre Vermutungen und diskutieren Sie in Gruppen.

b. In welchem der Zimmer würden Sie sich wohl fühlen? Welcher Einrichtungsstil gefällt Ihnen?

Statement

2 **a. Hören Sie die Aussagen zum Thema „Wohnen" und ordnen Sie jede einem passenden Foto zu.**
Kreuzen Sie in der Tabelle die für die Personen zutreffenden Angaben an. ⑨4

info

	Frau Voss	Herr Schindler	Frau Hamann
wohnt zur Miete	X		X
lebt beengt *tightly*	X	—	X
wohnt im Erdgeschoss *ground floor*			X
lebt in einer WG	X	X	
hat Kinder	X		X
möchte etwas verändern	X	X	X
braucht Platz zum Arbeiten	X	X	X

b. Hören Sie den Text ein zweites Mal und kreuzen Sie an.

	richtig	falsch
1. Frau Hamann lebt mit anderen Familienmitgliedern in einem Mehrgenerationenhaus.	X	X
2. Sie möchte das Wohnzimmer komplett neu einrichten. *Decorate*	X	X
3. Herr Schindler legt viel Wert auf Ordnung.	X	
4. Er hat eine Geschirrspülmaschine in die Wohnung mitgebracht.		X
5. Frau Voss findet es schade, dass die Wohnung nur ein Zimmer hat.		X
6. Sie möchte im Falle eines Umzugs in demselben Stadtviertel bleiben.	X	

move

Township Burrow

3 a. Lesen Sie den Text und suchen Sie alle Abkürzungen und ihre Bedeutung heraus.

Wohnungsanzeigen richtig lesen

Wohnungsanzeigen in Zeitungen oder im Internet auf Anhieb zu verstehen, ist oft gar nicht so einfach. Probleme machen vor allem die vielen Abkürzungen. Wenn es z.B. im Text heißt KM 600+NK+KT, so bedeutet das, dass die Kaltmiete 600 Euro beträgt. Zusätzlich müssen Nebenkosten und eine Kaution – meistens drei Monatsmieten – gezahlt werden. Die Buchstaben-Kürzel EG und DG informieren darüber, dass sich die Wohnung im Erdgeschoss oder im Dachgeschoss befindet. Möchte man Genaueres über die Ausstattung der Wohnung erfahren, muss man Kürzel wie EBK (Einbauküche), DB oder D'Bad (Duschbad), G'WC (Gästetoilette) oder ZH (Zentralheizung) verstehen.

Auf einige Abkürzungen sollten Wohnungsuchende besonders achten, denn dahinter verbergen sich zusätzliche finanzielle Forderungen. Abl. bedeutet Ablöse: der Vormieter verlangt Geld für Einrichtungsgegenstände, die er dem Nachmieter überlassen will. Auch wenn in der Anzeige Court. oder Prov. steht, geht es dem Interessenten ans Portemonnaie. Die so genannte Courtage oder Provision ist die Vermittlungsgebühr für den Makler. Im Gegensatz zur Kaution bekommt man dieses Geld beim Auszug nicht zurück.

KM – Kaltmiete: ....
....
....

b. Versuchen Sie nun folgende Wohnungsanzeigen zu lesen.

Ideale 4 ZiWhg (auch WG) in Göttingen-Weende, Wfl. 83 qm, EG, Bj. 1965, renov., Bad mit Wanne, G-WC. WM EUR 796 + NK, frei ab 1.1., KT (3 MM WM). Tel. 0551 / …	Nachmieter für **gemütliche 1-Zi-Whg.** im DG gesucht. Ca. 40 qm, prov.-frei, KM EUR 320,-+ NK + Kaution (2MM). Tel. 0171…	Vermiete in ruhiger Lage am Stadtrand **Reihenhs., 107 qm** über 3 Et. mit Balkon, 5 ZI., Bad, 2 WC, EBK, Garage, kl. Garten. Mietpreis n. Vereinb. Tel. 03981 / …

4 Sie gehen als Austauschstudent für ein Semester in eine deutsche Stadt (München / Hamburg / Dresden / Berlin / Stuttgart) zum Studieren und sind deshalb auf der Suche nach einem WG-Zimmer. Schauen Sie sich unter www.wg-gesucht.de die Angebote an. Vergleichen Sie in der Gruppe den Mietpreis, die Größe der Zimmer und die Ausstattung in den verschiedenen Städten.

5 a. Sie haben ein passendes Angebot für ein WG-Zimmer gefunden und möchten sich nun um das Zimmer bewerben. Notieren Sie, wonach Sie bei dem Vorstellungsgespräch fragen möchten.

....
....
....

b. Gestalten Sie ein Rollenspiel, in dem Ihre Partner die Rolle der WG-Bewohner übernehmen.

Schul- und Lehrjahre

1 a. Was „verraten" die Aufnahmen über den Schulalltag und die Unterrichtsformen an diesen Schulen? Finden Sie zu jedem Foto eine passende Bildüberschrift.

b. Könnten die Bilder auch in Schulen in Ihrem Land fotografiert worden sein?

2 a. Lesen Sie den Text und ergänzen Sie die Tabelle unten.

Ganztagsschulen

Berufsschule, Fachschule, Gesamtschule, Gymnasium … In Deutschland gibt es zwar viele verschiedene Schultypen, aber im Vergleich zu anderen Ländern läuft der Betrieb nur in wenigen Schulen bis in die Nachmittagsstunden.

Der Bund und die Landesregierungen bemühen sich nun, Ganztagsschulen zu unterstützen, denn Wissenschaftler haben herausgefunden, dass der ganztägige Schulbesuch die Leistungen der Schüler und ihre sozialen Kompetenzen verbessert. Ein großer Vorteil ist, dass die Schüler mehr Zeit zum Vertiefen des Unterrichtsstoffes haben. Auch für Projektunterricht – oft fächerübergreifend – gibt es an den Ganztagsschulen bessere Möglichkeiten.

In Deutschland gibt es zwei Typen von Ganztagsschulen: An den gebundenen gibt es am Vormittag und Nachmittag für die Schüler Pflichtunterricht, bei dem viel Wert auf Teamfähigkeit und soziales

Miteinander gelegt wird. Die Lehrer können statt der üblichen 45 Minuten einen längeren Blockunterricht anbieten, so dass mehr Zeit zum Üben bleibt. Die Lern- und Arbeitsphasen wechseln mit Zeiten für erholsame Aktivitäten, z. B. für sportliche oder musische Betätigung.

An den offenen Ganztagsschulen verläuft der reguläre Unterricht vorwiegend am Vormittag, während die Nachmittagsstunden der Hausaufgabenbetreuung und Freizeitaktivitäten gewidmet werden. Die Schüler müssen auch nicht jeden Nachmittag teilnehmen.

An allen Ganztagsschulen bekommen die Schüler ein Mittagessen und neben den Lehrern arbeiten auch Sozialpädagogen und Erzieher mit. Man hofft, dass besonders sozial benachteiligte Kinder und Jugendliche von der intensiven Betreuung profitieren und ihre Bildungschancen verbessern können.

Merkmale / Angebote		
Alle Ganztagsschulen	Gebundene Ganztagsschulen	Offene Ganztagsschulen

b. Diskutieren Sie im Kurs über die Vor- und Nachteile von Ganztagsschulen.

3 **a. Lesen Sie den Artikel „Die richtige Wahl" im Lesebuch auf S. 20 oder informieren Sie sich im Internet über das Schulsystem in Deutschland. Stellen Sie die Ergebnisse in einem ähnlichen Schaubild dar.**

b. Vergleichen Sie die Schulsysteme in den deutschsprachigen Ländern. Welche Unterschiede können Sie feststellen?

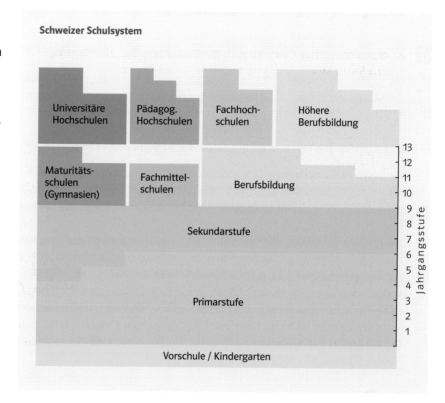

Schweizer Schulsystem

Universitäre Hochschulen	Pädagog. Hochschulen	Fachhoch-schulen	Höhere Berufsbildung

| Maturitäts-schulen (Gymnasien) | Fachmittel-schulen | Berufsbildung |

Sekundarstufe

Primarstufe

Vorschule / Kindergarten

13
12
11
10
9
8
7
6
5
4
3
2
1

Jahrgangsstufe

4 **a. Wer in Deutschland nach Abschluss der Schule einen kaufmännischen oder technisch-handwerklichen Beruf erlernen möchte, muss sich selber einen Ausbildungsplatz suchen. Was meinen Sie, wo und wie können Schulabgänger eine Lehrstelle finden? Welche Probleme könnten dabei auftauchen?** *Surface*

b. Hören Sie das Radiogespräch und lösen Sie dann die Aufgaben. ◎5

1. Die Sendereihe im Radio heißt
   - [a] Berufliche Orientierung.
   - [b] Bildung und Ausbildung.
   - [☒] Bildung und Beruf.

2. Herr Grünwald ist Vertreter der
   - [☒] Industrie- und Handelskammer. *Chamber of Commerce*
   - [b] Stadtverwaltung. *City administration*
   - [c] Messefirma. *trade fair*

3. Ausbildungsmessen sind interessant für
   - [a] alle Leute.
   - [b] Studenten und Lehrer.
   - [☒] Schüler und Firmen.

gut!

4. Manche Firmen haben Schwierigkeiten bei der Suche nach
   - [a] einem geeigneten Standort.
   - [b] Präsentationsmöglichkeiten auf Messen.
   - [☒] geeigneten Bewerbern. *Applicant*

5. Frau Dittmann hat bei einer Ausbildungsmesse
   - [a] ihren Job gefunden.
   - [☒] gute Tipps bekommen.
   - [c] ihren Chef kennen gelernt.

Noch mehr Bildung

1 **a. Klären Sie zu zweit oder zu dritt die Bedeutung der „Uni-Begriffe".**

der Studentenausweis [*Student Card*] | die Einschreibung [*enrollment*] | der Kommilitone [*Fellow Student*] | der Leistungsnachweis [*Proof of Performance*] | die Vorlesung [*lecture*] | der Master-Abschluss [*Masters degree*] | die Mensa | der Numerus clausus | die Regelstudienzeit [*Period of study*] | das Studienfach [*Field of study*]

b. Lesen Sie den Text und ergänzen sie die Begriffe aus 1a in der richtigen Form.

Einfach so ins Studium starten – schön wär's! Wie immer muss man sich aber vorher mit der Bürokratie und auch mit einigen neuen Begriffen herumplagen. Das beginnt z. B. für zukünftige Medizinstudenten mit dem _Mensa_ , einer Regelung, die die Zulassung für einige besonders beliebte _Leistungsnachweis_ begrenzt. Ein wichtiges Kriterium dabei ist der Noten-Durchschnitt im Abitur.

[*helfen bitte*]

Weiter geht es mit der _Einschreibung_ , mit der man offiziell eingetragener Student wird und einen _Studentenausweis_ erhält. Nach dem offiziellen Studienbeginn läuft aber auch schon der Countdown. Für den ersten Abschluss, den Bachelor, beträgt die _Regelstudienzeit_ nur 6 Semester. Wer sein Studium vertiefen will, verlängert um 2 bis 4 Semester und macht den _Numerus clausus_ . Auf dem Weg dorthin heißt es fleißig Scheine sammeln, das sind die _Vorlesung_ für Seminare, _Vorlesung_ oder andere Veranstaltungen. Da bleibt kaum noch Zeit, um in der Cafeteria oder in der _Studienfach_ mit anderen Studierenden, den so genannten _____, beim Mittagessen darüber zu lamentieren, wie stressig heutzutage das Studieren geworden ist!

2 **a. Informieren Sie sich in Gruppen über ein Studium in Deutschland, Österreich und der deutschsprachigen Schweiz. Entscheiden Sie sich für ein bestimmtes Studienfach und vergleichen Sie die Möglichkeiten in den drei genannten Ländern nach folgenden Kriterien:**

- Zulassungsbedingungen
- Studiengebühren
- Abschlüsse / Prüfungen
- Lebenshaltungskosten

b. Tauschen Sie sich anschließend im Kurs über Ihre Ergebnisse aus.

3 **Welche Vor- und Nachteile des Auslandsstudiums sprechen die Studenten an?**

1. »Fachlich habe ich sehr profitiert von dem Auslandssemester an der Uni Zürich. Nur mit dem Zürichdeutschen hatte ich Probleme, aber zum Glück wird an der Hochschule Hochdeutsch gesprochen. Ich hätte auch nicht erwartet, dass in der Schweiz alles so teuer ist, sogar die Eintrittspreise für Studentenpartys.«
Michelle B. aus Frankreich, 22, Studentin der Psychologie

2. »Es gibt ja nicht so viele Hochschulen, die mein Fach anbieten, deshalb bin ich total glücklich, dass ich für das Masterstudium „Schiffbau und maritime Technik" an der Fachhochschule Kiel aufgenommen wurde. Das leben hier in Norddeutschland ist natürlich ganz anders als in meiner Heimat, aber ich wohne in einer netten WG.«
Kate M. aus den USA (Kalifornien), 24, studiert Schiffbau

3. »Als ERASMUS-Student an der Uni Wien wurde ich sehr gut betreut, die Unterkunft im Gästehaus war super, genauso wie der Austausch mit den anderen internationalen Gaststudenten. Leider hat meine Heimathochschule in Ungarn nicht alle Seminare, die ich in Wien besucht habe, anerkannt.«
Gabor P. aus Ungarn, 24, Medizinstudent

4 In diesem Zeitungsartikel sind die Abschnitte durcheinander geraten. Bringen Sie sie wieder in die richtige Reihenfolge.

Die Rentner-Uni

☐ „Die haben viel Zeit, die sitzen schon eine halbe Stunde vor Beginn in der ersten Reihe und wir müssen auf den Treppenstufen und auf dem Boden sitzen", ärgert sich Stefan S., Germanistikstudent im 3. Semester. Mittlerweile haben die meisten Hochschulen das Problem zur Zufriedenheit aller Beteiligten gelöst. Wer zum Beispiel an der Goethe-Universität als Senior reguläre Veranstaltungen besuchen möchte, muss tiefer ins Portemonnaie greifen und für jede Semesterwochenstunde einzeln bezahlen.

☐ Die meisten von ihnen haben einen Realschulabschluss, einige Abitur oder einen Hochschulabschluss; viele Lehrer sind darunter, aber z.B. auch Bankangestellte, Krankenschwestern oder Hausfrauen. Weit mehr als die Hälfte sind

Frauen, die wie Barbara W. immer nur für Familie und Haushalt da waren. „Jetzt kann ich endlich nachholen, was ich mir früher immer gewünscht habe. Es ist nie zu spät mit dem Lernen und Studieren anzufangen", sagt die 65jährige.

☐ Die Lieblingsfächer der älteren Studenten sind (Kunst)Geschichte, Philosophie und Literatur. Aber auch in juristischen oder medizinischen Vorlesungen sind oft Plätze von grauhaarigen Teilnehmern besetzt. Nicht alle „normalen" Studenten sind begeistert davon, dass sie in den oft überfüllten Hörsälen mit den Senioren um Sitzplätze konkurrieren.

1 Nach ihrem Abschied aus dem Arbeitsleben wollen sie auf keinen Fall nur zu Hause sitzen, sondern lieber noch mal etwas Neues

ausprobieren und vor allem geistig fit bleiben: Über 25 000 Senior-Studenten gibt es nach Schätzungen des Bundesbildungsministeriums an bundesdeutschen Hochschulen.

☐ „Ich finde das richtig", sagt Barbara W., „es gibt sogar Fachbereiche und Seminare, die für uns Ältere verboten sind. Aber in anderen Seminaren sind wir ausdrücklich erwünscht – wenn z.B. die jungen Studenten mit uns als Zeitzeugen über geschichtliche Ereignisse diskutieren können." Prüfungen oder Abschlüsse gibt es an der U3L nicht. Die meisten Seniorstudenten haben auch gar kein Interesse daran. Ihnen genügen eine Teilnahmebescheinigung und der Spaß am Lernen als Motivation dafür, sich auch im nächsten Semester wieder anzumelden.

☐ Seit einem halben Jahr ist sie offiziell Studentin an der Johann-Wolfgang-Goethe-Universität in Frankfurt am Main. An der U3L, der Uni des dritten Lebensalters, bieten Professoren aller Fachbereiche gegen eine Semestergebühr von 100 Euro speziell für Senioren konzipierte Vorlesungen und Seminare an.

Das halbe Leben

1 Was bedeuten die Sprichwörter? Gibt es diese oder ähnliche Sprichwörter zum Thema „Arbeit"
auch in Ihrer Sprache?

Arbeit macht das Leben süß.

Erst die Arbeit,
dann das Vergnügen.

Arbeit gibt Brot,
Faulheit gibt Not.

Der eine hat Arbeit und Fleiß,
der andere Nutzen und Preis.

Es arbeitet mancher für den Tag,
den er niemals sehen mag.

2 **a. Hören Sie den Text. Es handelt sich um ...** ◎ 6

☒ eine Radiosendung.　　☒ ein Vorstellungsgespräch.　　☒ ein Bewerbungstraining.

b. Hören Sie den Text noch einmal und kreuzen Sie an.

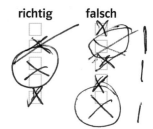

richtig　falsch

1. Frau Zeugner empfiehlt, dass man sich online bewerben soll.
2. Für ein Vorstellungsgespräch sollte der Bewerber immer formelle Kleidung wählen.
3. Nach Ansicht von Frau Zeugner ist es wichtig, sich so zu geben, wie man ist.
4. Beim Vorstellungsgespräch hat man es oft nicht nur mit dem Personalchef zu tun.
5. Frau Zeugner gibt den Tipp, einen Freund zum Vorstellungstermin mitzunehmen.

3 Wählen Sie eine der folgenden Anzeigen aus und inszenieren Sie zu zweit oder zu dritt ein Vorstellungsgespräch.
Erinnern Sie sich dabei an die Tipps von Frau Zeugner.

Für eine neu eröffnete Filiale unseres
international bekannten Modehauses
suchen wir zum nächstmöglichen
Zeitpunkt eine/n

qualifizierte/n Verkäufer/in

Haben Sie Freude an schöner und
exklusiver Kleidung? Bringen Sie
eine kaufmännische Ausbildung
und mehrere Jahre Erfahrung in
der Modebranche mit? Sind Sie
während der Öffnungszeiten unseres
Geschäfts flexibel einsetzbar?
Dann sind Sie der/die Richtige für
uns!

Senden Sie bitte Ihre vollständigen
Bewerbungsunterlagen an: ...

FRANCIS Tanz- und Cocktailbar sucht ab sofort
freundliches und zuverlässiges Personal für
Garderobe, Kasse und Bar
Alter ab 21 Jahre
Nachtarbeit am Mittwoch, Freitag und Samstag
Tel.-Nr... (ab 17 Uhr)

Werden Sie Mitglied unseres starken Teams als

telefonischer Kundenbetreuer (m/w)

Wenn Sie gerne telefonieren, ein Lächeln in der Stimme
haben und die Kunden namhafter Hausgerätehersteller
betreuen möchten, dann suchen wir Sie.
Arbeitszeitfenster: Mo–Fr von 8 bis 18 Uhr
TZ (25–35 Stunden pro Woche)
Lohn: Euro 10,– pro Stunde

Voraussetzungen: hohe Belastbarkeit, Servicebereitschaft,
angenehme Telefonstimme, gutes Ausdrucksvermögen,
sichere MS-Office-Kenntnisse

„Unternehmenskultur"

Kultur im Unternehmen: Ist damit der alljährli-
che Betriebsausflug gemeint oder die Gestaltung
der Weihnachtsfeier? Nicht nur, sondern viel
mehr – so lässt sich diese Frage wohl korrekt
5 beantworten. Jedes Unternehmen entwickelt bestimmte Werte und Normen, eine Art
Ideologie, mit der sich die Mitarbeiter – mal
mehr, mal weniger – identifizieren.

Eine erfolgreiche Unternehmenskultur sorgt
10 für ein gutes Betriebsklima und fördert dadurch
die Motivation der Beschäftigten. Der aktuelle
Schwerpunkt in der Firmenpolitik wird auf Fami-
lienfreundlichkeit und Mitarbeiter-Orientierung
gelegt. Vor allem kommunale Betriebe, aber
15 auch große Versicherungskonzerne und Medien-
firmen haben neue Arbeitsmodelle entwickelt.
So gibt es firmeneigene Kindergärten oder
Teilzeit-Arbeitsplätze für Mütter und Väter(!).
Angebote wie Job-Sharing, Telearbeit, Home-
20 Office oder ein Jahresarbeitszeitkonto sollen
dazu beitragen, dass die Balance zwischen Beruf
und Familie stimmt. Dabei spielt nicht nur das
Thema Kindererziehung eine Rolle, sondern auch

die Tatsache, dass ältere Familienangehörige
gepflegt werden müssen. 25

Für viele Firmen stellt eine familienorientierte
Personalstrategie eine wichtige Investition in
die Zukunft dar. In einigen Regionen Deutschlands ist es heute schon schwierig, qualifizierte
Arbeitskräfte zu finden. 30

Auch Gesundheitsmanagement wird mittlerweile
in immer mehr Betrieben großgeschrieben. Zahlreiche Programme und Service-Angebote rund
um das Thema „Prävention und Sport" sollen die
Mitarbeiter für eine gesunde Lebensweise sensi- 35
bilisieren.

Natürlich sollen die familienorientierten Programme für die Unternehmen ein gutes Instrument sein, Mitarbeiter zu halten und Fehlzeiten
zu verringern. Aber wie die Untersuchungen 40
zeigen, profitieren von den Maßnahmen ebenso
die Beschäftigten: sie sind motivierter, zufriedener und dadurch kreativer und leistungsfähiger.

---

4 **Lesen Sie den Text und finden Sie zu den Stichworten unten die passenden Textzeilen.**

a. Vorteile sowohl für Arbeitgeber als auch für Arbeitnehmer   Zeile ....
b. Alternative Formen der Beschäftigung im Kommen   Zeile ....
c. Mangel an geeigneten Fachkräften vorbeugen   Zeile ....
d. Arbeitnehmer sollen gesund und fit sein   Zeile ....
e. Arbeits- und Familienleben im Gleichgewicht   Zeile ....

Sport

1 **a. Benennen Sie die abgebildeten Sportarten.**

A. ....

B. ....

C. ....

D. ....

b. Welche Sportart wird hier beschrieben? Ordnen Sie die Piktogramme von oben den Beschreibungen zu.

1. ☐ Man sieht sie überall, bei jedem Wetter, zu jeder Tages- und Nachtzeit: Menschen aller Altersgruppen, die in sportlicher Kleidung und mit zwei Stöcken „bewaffnet" schnelles rhythmisches Gehen praktizieren. Diese Sportart wurde ursprünglich in Finnland als Sommer-Trainingsmethode für Wintersportathleten erdacht. Nach der Entwicklung der sehr leichten und zugleich stabilen Stöcke verbreitete sie sich rasch über Skandinavien, die USA und Japan nach Mitteleuropa. Die Technik bzw. der Bewegungsablauf lässt sich relativ schnell erlernen. Diese Bewegungsart ist gut für die Kondition und kräftigt Bein- und Oberkörpermuskulatur.

2. ☐ Noch vor einigen Jahrzehnten galt diese Übungspraxis als exotisch und esoterisch und die meisten Menschen in Deutschland kannten sie gar nicht. Heute gibt es in der Bundesrepublik ca. 4 Millionen Anhänger dieser altindischen Methode, die vor allem Philosophie und Meditation beinhaltet. Es gibt zahllose Richtungen und Schulen; allen gemeinsam ist aber die Idee, Atem- und Körperbewegung zu verbinden und „den Geist zur Ruhe zu bringen". Deshalb ist diese körperliche Ertüchtigung auch von den Krankenkassen als stressreduzierende und entspannende Bewegungsart anerkannt, die auch bei vielen Beschwerden, z. B. Rückenschmerzen, hilft.

3. ☐ Es ist allgemein in den deutschsprachigen Ländern ein beliebter Volkssport. Jeder kann diesen Sport nach seinen Vorlieben und Bedürfnissen ausüben: als Fitness-Training auf längeren Touren, als Freizeitbeschäftigung mit der ganzen Familie oder als schnelle und praktische Fortbewegung in der Stadt. Es ist gut für die Ausdauer und die Koordination, für den Rücken und die Gelenke der Beine. Die Bewegung an der frischen Luft stärkt das Immunsystem und wirkt gleichzeitig entspannend.

4. ☐ Die Zukunft dieses Sports ist weiblich, sagte der Präsident des Weltverbands schon 1995. Heute kann man sich kaum vorstellen, dass diese Variante einer populären Sportart lange Zeit bestenfalls belächelt wurde und auch in Deutschland erst 1970 – nach fast 15 Jahren Verbot – offiziell anerkannt wurde. Gespielt wird nach denselben Regeln wie beim anderen Geschlecht, zwar nicht so schnell und kraftvoll, aber stark vor allem, was Teamgeist, Strategie und (psychische) Disziplin angeht.

c. Unterstreichen Sie die Stellen im Text, an denen Sie die Sportart erkannt haben.

d. Zu welchem Text passen jeweils die folgenden Sätze? Nicht jede Aussage lässt sich zuordnen.

1. Nicht nur der Körper, sondern auch der Geist sollen erreicht werden.   Text ....
2. Dieser Sport ist speziell für Kinder und ältere Leute geeignet.   Text ....
3. Empfehlenswert für Fitness und Kondition, aber auch als Fortbewegungsmittel.   Text ....
4. Die Art sich fortzubewegen ähnelt dem Skilanglauf, aber man braucht keinen Schnee dazu.   Text ....
5. Kurse werden vor allem in Krankenhäusern und Schulen angeboten.   Text ....
6. Gleichberechtigung war bis in die 1970er-Jahre in dieser Sportart ein Fremdwort.   Text ....

2 Schreiben Sie einen kurzen Infotext über eine Sportart, die in Ihrem Land populär ist.

3 a. Was meinen Sie, welche Vor- und Nachteile hat die Ausbildung in einem Nachwuchsleistungszentrum für die Jugendlichen?

b. Hören Sie den Text „Leistungszentren für den Fußball-Nachwuchs" und kreuzen Sie an. ⊚ 7

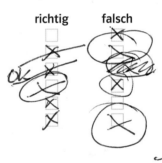

	richtig	falsch
1. Alle Fußballvereine haben eigene Internate und Leistungszentren.		
2. Die Fußballinternate stehen allen 14- bis 17-Jährigen offen.		
3. Die jungen Spieler in den Internaten bewohnen große möblierte Zimmer.		
4. Die schulische Ausbildung soll nicht vernachlässigt werden.		
5. Der Alltag in den Internaten ist voll durchorganisiert.		
6. Die Nachwuchsspieler nutzen ihre freie Zeit, um in die Disko zu gehen und ihre Freundinnen zu treffen.		

4 Spielt Sport in Ihrem Leben eine Rolle? Sprechen Sie im Kurs über die beiden folgenden Aussagen zum Thema Sport. Tauschen Sie Ihre eigenen Standpunkte aus.

1. »Sport ist Mord, hat mal jemand gesagt. Also ich finde, wenn man sich im Alltag normal bewegt, öfter mal Treppen steigt, das Auto stehen lässt und zu Fuß geht oder das Fahrrad nimmt – das reicht doch vollkommen aus! Ich rauche nicht, trinke nicht und halte mein Normalgewicht. Warum soll ich da ins Fitness-Studio gehen? Ich fühle mich auch ohne Sport gesund und fit.«

2. »Ein Leben ohne Sport könnte ich mir überhaupt nicht vorstellen. Zweimal pro Woche ist Handballtraining, fast jedes Wochenende ein Punktspiel. Und für die Kondition laufe ich regelmäßig oder fahre Rad. Im Verein haben wir auch einen kleinen Kraftraum mit Geräten. Wenn ich Zeit habe, trainiere ich dort, besonders im Winter.«

5 Viele Krankenkassen in Deutschland versuchen, ihre Mitglieder von der Notwendigkeit gesunder Lebensführung und sportlicher Aktivität zu überzeugen. Entwerfen Sie mit anderen Teilnehmern ein Poster für eine Kampagne einer Krankenversicherung zum Thema „Sport und Gesundheit". Geben Sie Tipps, wie man Bewegung und Entspannung in den Alltag integrieren kann.

Freizeit und Urlaub

1 **a.** Wo und wie würden Sie am liebsten Ihren Urlaub verbringen? Führen Sie im Kurs eine Umfrage durch und werten Sie diese aus. Präsentieren Sie die Ergebnisse schriftlich.

Was? ☐ Baden ☐ Wintersport ☐ Sprachreise ☐ Wandern ☐ Abenteuer ☐ Städtereise
☐ Erholung ☐ Fahrrad fahren ☐ Bildung ☐ ....

Wo? ☐ im eigenen Land ☐ in ....

Unterkunft? ☐ Zelten / Camping ☐ Jugendherberge ☐ Ferienwohnung ☐ Pension / Hotel
☐ ....

b. Planen Sie eine Reise, die den Interessen und Wünschen möglichst vieler Kursteilnehmer entspricht. Wohin würde die Reise gehen und was würden Sie dort unternehmen? Stellen Sie ein Programm zusammen.

2 Finden Sie zu den sieben Situationen eine möglichst passende Jugendherberge. Für zwei Situationen gibt es kein geeignetes Angebot, suchen Sie für beide im Internet nach entsprechenden Angeboten.

→ **TIPP** Diese Links helfen Ihnen beim Recherchieren: www.jugendherberge.de, www.oejhv.or.at und www.youthhostel.ch. Nehmen Sie auch eine Landkarte zu Hilfe.

Nicht nur für die Jugend: Jugendherbergen gibt es seit über 100 Jahren in aller Welt. Die Idee zu ihrer Gründung hatte ein deutscher Schullehrer während eines Klassen-ausflugs. Heute sind viele Jugendherbergen moderne, komfortable Unterkünfte – an schönen Orten und oft in historischen Gebäuden – für Gruppen aller Art und auch für Familien und junge Alleinreisende.

A Jugendherberge Mirow (Mecklenburg-Vorpommern, D)

Haus / Lage: modernes Gebäude mit hohem Umweltstandard und interessanter Architektur; direkt am See gelegen

Ausstattung: fast alle Zimmer mit separatem Sanitärbereich; 16 Plätze für Rollstuhlfahrer

Extras: gesundes Essen aus Bioprodukten; auch vegetarische Angebote

Aktivitäten / Programme:
- Wandern, Radfahren, Kanutouren
- Teamprogramme (Konfliktmanagement, Gruppenfindung)
- Umweltbildung (Projekt „Wasser", „Holz" etc.)

B Jugendherberge Fiesch (Wallis, CH)

Haus / Lage: klassische Jugendherberge mitten im Sport- und Feriencenter Fiesch

Ausstattung: Zweier, Vierer- und Sechser-zimmer mit Waschbecken; Dusche und WC auf der Etage

Extras: Hallenbad, Minigolfanlage, Vermietung von Sport- und Freizeitmaterial

Aktivitäten / Programme:
- UNESCO Welterbe Jungfrau-Aletsch-Bietschhorn
- Bergwanderungen, Radtouren, Klettersteig
- Skiferien
- Luftseilbahn Fiesch-Eggishorn

1. Der Frauenchor „Freundschaft" aus Leipzig plant als Vorbereitung für die Weihnachtszeit ein Wochenende mit Proben. Die schon etwas älteren Damen möchten nicht so weit anreisen. Zwei Mitglieder der Gruppe sitzen im Rollstuhl. Alle sind historisch und kulturell interessiert.
Anzeige ....

2. Familie F. wohnt in einer Kleinstadt in Nordrhein-Westfalen und möchte gern ein Wochenende mit Großstadt-Flair verbringen. Frau F. möchte die Einkaufsmöglichkeiten nutzen. Der Vater und die zwei Kinder wollen inlineskaten.
Anzeige ....

3. Sandra B. (24) ist eine Austauschstudentin aus den USA. Sie interessiert sich für das Mittelalter. Sie legt Wert auf Unterbringung in einem Einzelzimmer mit Dusche und WC. Außerdem wandert sie gern und findet die deutschen Mittelgebirgslandschaften „very romantic".
Anzeige ....

4. Als Abschlussfahrt möchte eine Schulklasse aus Ulm eine Radtour entlang eines großen Flusses unternehmen. Der Klassenlehrer wünscht sich unterwegs einen zweitägigen Aufenthalt in landschaftlich und kulturhistorisch bedeutsamer Umgebung.
Anzeige ....

5. Herr und Frau R. planen einen preisgünstigen Winterurlaub mit ihren drei Kindern. Die Interessen der Familie sind unterschiedlich: Frau R. und der älteste Sohn möchten Skilaufen, die Tochter und der jüngste Sohn lieber Snowboarden, der Vater geht gern schwimmen.
Anzeige ....

6. Herr M. ist Übungsleiter einer Fußball-Junioren-mannschaft. Er möchte mit 15 Jungen in den Ferien ein Fußballcamp organisieren. Ein Kultur-programm ist ihm nicht so wichtig, aber er wünscht sich zusätzliche sportliche Angebote und abwechslungsreiche Trainingsmöglichkeiten.
Anzeige ....

7. Frau S. ist Klassenleiterin einer 10. Klasse. Die Schüler wünschen sich eine Klassenfahrt mit Möglichkeiten zum Baden und Kanufahren. Frau S. möchte den Aufenthalt gern mit Naturerkundung und einem Umwelt-Projekt verbinden.
Anzeige ....

C Jugendherberge Wittenberg (Sachsen-Anhalt, D)

Haus / Lage: im sanierten Vorschloss im Zentrum der historischen Luther-Stadt
Ausstattung: 2- bis 6-Bettzi. mit DU/WC; behindertengerecht
Extras: Spielecke und großer Spielplatz; 7 Proben- und Seminarräume, bes. geeignet für Musikgruppen, Chöre etc.
Aktivitäten / Programme:
- Ausflüge ins Biosphärenreservat Mittelelbe, nach Dessau und Umgebung
- Museum für Reformationsgeschichte (Lutherhaus); Schlossmuseum; Haus der Geschichte

D Junges Hotel Melk (Niederösterreich, A)

Haus / Lage: moderne Jugendherberge in der Kulturlandschaft Wachau
Ausstattung: 4er-Zimmer mit Dusche, alle Zimmer auch als Einzel- oder Doppelzimmer buchbar
Extras: Garten mit Grillplatz; Fußball-, Basketball- und Skaterplatz
Aktivitäten / Programme:
- UNESCO-Weltkulturerbe Wachau
- Donauradweg
- Stift Melk
- Internationale Barocktage und Sommerspiele Melk

E Jugendherberge Düsseldorf (Nordrhein-Westfalen, D)

Haus / Lage: modernes Haus mit Panoramafenstern an der Rhein-Promenade
Ausstattung: 368 Betten in 96 Zimmern; 20 Familienzimmer und 3 Fam.-Apartments, keine Einzelzimmer
Extras: Fahrradverleih nebenan
Aktivitäten / Programme:
- Wochenend-Programme für Familien
- Inline-Skaten am Rhein entlang
- Sightseeing und Shoppen

Sie wünschen?

1 Gehen Sie gern „shoppen"? Oder sind Sie ein Einkaufsmuffel? Welche Einkäufe bereiten Ihnen Freude und welche sind besonders anstrengend? Achten Sie auf Preise, Testergebnisse oder Gütesiegel? Warum? Diskutieren Sie im Kurs.

2 Ordnen Sie die folgenden Überschriften den vier Aussagen zu. Mehrfachnennungen sind möglich, aber nicht alle Überschriften passen.

der gesundheitsbewusste Einkaufstyp | der Schnäppchenjäger | der erlebnis-orientierte Einkaufstyp | der umweltbewusste Einkaufstyp | der Konsum-Muffel | der kritische Einkaufstyp | der kaufsüchtige Typ | der sparsame Einkaufstyp

A. ....

»Ich finde Einkaufen ist eine zwar notwendige, aber auch recht lästige Tätigkeit. Ich verstehe gar nicht, dass andere Leute stundenlang shoppen gehen. In meinem Supermarkt an der Ecke weiß ich genau, wo ich alles finde, und ich kaufe nur, was ich wirklich brauche und was auf meiner Liste steht. In diesen riesigen Konsumtempeln verliere ich sofort die Orientierung und fühle mich ganz unwohl. Kleidung bestelle ich deshalb meistens aus dem Katalog.«

B. ....

»Für mich ist die Shopping-Tour am Wochenende so eine Art Hobby und außerdem eine Belohnung für eine Woche mit viel Arbeit. Meistens gehe ich mit einer Freundin los. Wir nehmen uns viel Zeit, gucken, was es Neues gibt und zwischendurch machen wir Pause im Café. Bei uns im Einkaufscenter ist auch immer etwas los, neulich haben sie dort eine tolle Modenschau gezeigt.«

C. ....

»Unsere schöne bunte Konsumwelt produziert nicht nur falsche Träume und Bedürfnisse, sondern auch große Probleme für die Umwelt. Wir ersticken doch im Verpackungsmüll. Dazu kommen die Gifte und schädlichen Stoffe in vielen Produkten. Ich achte auch beim Einkaufen auf die Umwelt und kaufe viele frische und gesunde Lebensmittel aus der Region und aus biologischem Anbau.«

D. ....

»Wissen Sie eigentlich, wie wir als Konsumenten manipuliert und gesteuert werden? Verpackungen, die Anordnung der Produkte in den Regalen, das Licht im Laden, die Musik: alles soll uns zum Kaufen verführen. Deshalb gucke ich genau hin, vergleiche die Preise und versuche die Werbung zu ignorieren. Lebensmittel kaufe ich meist in verschiedenen Geschäften, das dauert zwar länger, aber ich kann bares Geld sparen.«

3 Welche Produkte würden Sie niemals kaufen? Erstellen Sie eine Negativliste und gestalten Sie mit Hilfe von Werbematerial eine Collage. Begründen Sie Ihre Auswahl.

4 In welcher Abteilung würden Sie die folgenden Produkte suchen? Ordnen Sie zu.

Tennisschuhe | Campingkocher | Kopfkissenbezug | Sakko | Blumenvase | Pralinen | Saunatuch | Knöpfe | Seidenbluse | Vorhänge

Etage 5	Restaurant mit Dachterrasse	Wickelraum Kunden-WC
Etage 4	Bettwäsche Frottierwaren Tischwäsche Stoffe & Gardinen	
Etage 3	Glas & Porzellan Haushaltswaren Wohnaccessoires	
Etage 2	Herrenbekleidung	Kunden-WC
Etage 1	Damenbekleidung	Kunden-WC Änderungsservice
EG	Parfümerie Uhren & Schmuck Süßwaren Accessoires	
UG	Kinderbekleidung Spielwaren Sportbekleidung, -schuhe Outdoor	

5 a. Hören Sie die Radiosendung. Es handelt sich um ... ◎8

☐ ein Hörspiel. ☐ eine Diskussion. ☒ ein Interview.

b. Um welche Themen geht es? Kreuzen Sie an.

☒ Marketingstrategien ☐ Werbung
☐ Volkszählung ☒ Konsumforschung
☒ Konsumverhalten ☐ Meinungsumfrage
☐ Discounter ☒ Musikberieselung

−2

c. Hören Sie den Radiobeitrag ein zweites Mal und lösen Sie die Aufgaben.

	richtig	falsch
1. Es gibt ca. 1000 Testmärkte in Deutschland.	☐	☐
2. Die Teilnahme als Testkäufer ist freiwillig.	☐	☐
3. Das Kaufverhalten wird mit Kameras überwacht.	☐	☐
4. Die Testurteile werden in Zeitschriften veröffentlicht.	☐	☐
5. Die Testläufe sind für die Hersteller der Produkte sehr nützlich.	☐	☐

Es gibt Essen!

1 Welche kulinarischen Begriffe sind gesucht? Die Wörter setzen sich aus den angegebenen Silben zusammen. Wenn Sie die in Klammern angegebenen Buchstaben von oben nach unten lesen, ergibt sich das Lösungswort.

→ **TIPP** Informationen zu den Essgewohnheiten und Spezialitäten in Deutschland, Österreich und der Schweiz finden Sie im Lesebuch auf den Seiten 34 und 35.

bra | bu | due | er | fel | fon | kar | kraut | let | maul | ne | sah | sau | sche | schnit | ta | te | te | ten | tof | tor | weiß | wurst | zel

1. gebratener Klops aus Hackfleisch (1. Buchstabe) ....
2. der Deutschen liebste Beilage (3) ....
3. gefüllte Nudelteigtasche aus Schwaben (6) ....
4. das Wiener … ist in aller Welt bekannt (6) ....
5. in Bayern trinkt man Weißbier zur … (1) ....
6. brodelnde Käsecreme im Feuertopf (5) ....
7. Fleisch am Stück, z. B. Schweine… (2) ....
8. wer im Sommer Kohl anbaut, hat im Winter … (1) ....
9. Kalorienbombe am Kaffeetisch oder in der Konditorei (6) ....

LÖSUNGSWORT: ....

2 Lesen Sie den Text und setzen Sie in jede Lücke im Text das passende Wort. Wählen Sie aus der folgenden Liste die zehn richtigen Wörter aus.

viel | darauf | Gewicht | soll | war | um | besonders | Figur | gab | aber | dass | aus | dazu | darf | als | sondern

Geschichte(n) um das Wiener Schnitzel

Das Wiener Schnitzel findet sich nicht nur in Wiener Gasthäusern, ... in Restaurants in der ganzen Welt auf den Speisekarten. Das klassische Wiener Schnitzel darf nur aus Kalbfleisch zubereitet werden. Es gibt sogar eine Vorschrift des österreichischen Innenministeriums .... Die „falsche" (und billigere) Variante muss auch so deklariert werden und nennt sich „Schnitzel Wiener Art". Die Zutaten für das Wiener Schnitzel sind nicht .... raffiniert, die Zubereitung allerdings erfordert einige küchentechnische Tricks. So ist es eine Kunst dafür zu sorgen, dass die Panade – aus Mehl, Ei und Semmelbröseln – luftig und möglichst trocken bleibt. Die ungefähr 4mm dicke Scheibe .... Kalbfleisch wird in viel Schweine- oder Butterschmalz gebacken. Wer beim Essen auf seine .... achtet, wird deshalb von der tellergroßen Spezialität die Finger lassen.

Übrigens erzählt die Gastronomiegeschichte Interessantes zum Ursprung der goldgelben Panierung. Schon im alten Byzanz und später in Italien .... es bei Königen und Adligen den Brauch, Speisen mit Blattgold zu belegen. Gold galt .... Medizin und war gleichzeitig Zeichen für Reichtum und Kultiviertheit. Als Ersatz für diesen Luxus .... sich später in der bürgerlichen Küche das Panieren verbreitet haben. Man vermutet, ... die Bezeichnung „Wiener Schnitzel" gegen Ende des 19. Jahrhunderts in Analogie zum „Wiener Backhendl"* entstanden ist.

Wichtig ist für das echte Wiener Schnitzel nicht nur die Qualität des Fleisches und der Panade, sondern auch die passende Beilage. Zum Wiener Schnitzel gehören traditionell „Erdäpfel" in Form von Kartoffelsalat oder Petersilienkartoffeln und ein grüner Salat. Ebenfalls Tradition ist die Garnierung mit einer Zitronenscheibe, ... die Panade mit dem Saft zu beträufeln.

* Hendl (österreich.) = Hähnchen

3 Stellen Sie in Ihrem Kurs ein möglichst abwechslungsreiches Kochbuch mit Rezepten der D-A-CH-Länder zusammen. Recherchieren Sie jeder ein typisches Gericht und schreiben Sie das Rezept dazu auf.

Redemittel

die Vorspeise / das Hauptgericht / der Nachtisch
putzen, schälen, reiben, raspeln
in Stücke / Streifen / Würfel
schneiden / halbieren / vierteln
der Topf / die Bratpfanne / die Schüssel
garen, braten, dünsten, backen, frittieren
hinzufügen, umrühren, vermischen
abschmecken, würzen, servieren

4 a. Hören Sie das Interview. Welche der folgenden Aspekte werden angesprochen? Kreuzen Sie an. ⊚9

☐ Frühstücksgewohnheiten der Deutschen
☐ Geschichte der Schokolade
☐ Handel zwischen Europa und Mittelamerika
☐ Schokolade als medizinisches Mittel
☐ künstliche Zusatzstoffe
☐ positive und negative Wirkungen von Schokolade
☐ Rezepte mit Schokolade

b. Hören Sie die Sendung ein zweites Mal und kreuzen Sie an.

	richtig	falsch
1. Der Studiogast Herr Schwab ist Besitzer einer Schokoladen-Manufaktur.	☐	☐
2. Die indianischen Kulturvölker in Mittelamerika kannten ein kakaohaltiges Getränk.	☐	☐
3. Die Schokolade verbreitete sich in Europa von Spanien aus.	☐	☐
4. Die handgemachte Schokolade hat keine Chancen gegen Massenware aus dem Supermarkt.	☐	☐
5. „Chocolatier" ist in Deutschland ein anerkannter Ausbildungsberuf.	☐	☐
6. Jeder Deutsche konsumiert zwei bis drei Stückchen Schokolade pro Tag.	☐	☐

5 Kleines kulinarisches Quiz: Welche Antwort ist richtig?

1. Welche Würstchen gibt es <u>nicht</u> in der deutsch-österreichischen Wurstfamilie?
   a Frankfurter b Wiener c Nürnberger d Kölner

2. Woraus besteht der berühmte bayerische Leberkäse?
   a Fisch b Fleisch c Gemüse d Käse

3. Welches der folgenden regional gebräuchlichen Synonyme für „Kartoffel" ist falsch?
   a Erdrübe b Erdapfel c Erdkugel d Erdbirne

4. Was bedeutet das im Österreichischen gebräuchliche Wort „Jause"?
   a kleine Zwischenmahlzeit b süßes Limonadengetränk c belegtes Brot d zweites Frühstück

5. Welche Fondue-Variante gibt es <u>nicht</u>?
   a Fleischfondue b Schokoladenfondue c Käsefondue d Eisfondue

6. Ein deutsches Sprichwort sagt: „Liebe geht durch …"
   a den Magen b den Bauch c das Herz d den Mund

7. Welchen Trinkspruch kennt man in der deutschen Sprache <u>nicht</u>?
   a Prosit! b Prost! c Salut! d Auf dein / Ihr Wohl!

Vom Kaiserreich in die Weimarer Republik

1 Die Abbildungen beziehen sich auf wichtige Ereignisse und Phänomene in der Zeit zwischen 1871 und 1933. Welche historischen Ereignisse erkennen Sie? Finden Sie dann den passenden Text.

A Nach dem Sieg der deutschen Armeen über Frankreich war der Weg für die nationale Einigung unter der Regie von Otto von Bismarck frei. Am 18. Januar 1871 wurde in Versailles das Deutsche Reich gegründet und Wilhelm I. vor den deutschen Fürsten zum Kaiser ausgerufen. Mit dem prachtvollen militärischen Zeremoniell präsentierte sich das deutsche Kaiserreich als neue Großmacht in Europa. Für die Mehrheit des deutschen Volkes war das ein historischer Höhepunkt, außenpolitisch gesehen der Beginn einer Dauerkrise, die schließlich zum Ersten Weltkrieg führte.

Der Rat der Volksbeauftragten

B Bereits im ersten Kriegsjahr fehlten der deutschen Wirtschaft wichtige Rohstoffe und Lebensmittel. Gründe dafür waren u. a. der Wegfall der Importe und der Mangel an Arbeitskräften, besonders in der Landwirtschaft. Die Versorgung der Bevölkerung wurde rationiert und es wurden Ersatzstoffe entwickelt: die „Kriegsseife" z. B. hatte kaum noch Fett und sehr wenig Waschkraft. Im Ersten Weltkrieg starben in Deutschland ca. 750 000 Menschen an Unterernährung oder deren Folgen.

C Der Rat der Volksbeauftragten war in der Übergangsphase vom Kaiserreich zur Weimarer Republik während der Novemberrevolution das höchste Regierungsorgan in Deutschland. Im Dezember 1918 stimmte der Kongress der Arbeiter- und Soldatenräte für die Wahl einer Nationalversammlung. Mit der Etablierung der neuen parlamentarisch-demokratischen Verfassung war die Aufgabe des Rates der Volksbeauftragten erfüllt, ihr Vorsitzender Friedrich Ebert wurde Reichspräsident.

D Die 1928 im Berliner Theater am Schiffbauerdamm zum ersten Mal aufgeführte Dreigroschenoper wurde zum größten Theatererfolg der Zwanziger Jahre, einige Lieder aus dem Stück wie „Die Moritat von Mackie Messer" wurden Welthits. Die Dreigroschenoper spielt zwar im London des 18. Jahrhunderts, aber der Autor Bertolt Brecht kritisierte damit die bürgerliche Scheinmoral und die Verbrechen des Kapitalismus in der eigenen Zeit.

E In Folge der Weltwirtschaftskrise von 1929 brachen Banken und Industriekonzerne zusammen und die Zahl der Arbeitslosen stieg auch in Deutschland immer weiter an. Anfang 1932 waren es mehr als 6 Millionen. Immer mehr Menschen lebten im Elend und hatten kein Vertrauen mehr in die Republik. Viele sahen in Hitler, dem „starken Mann", den Ausweg aus der Krisensituation. Bei den Wahlen im Juli 1932 wurde seine Partei, die NSDAP, zur stärksten politischen Kraft im Reich.

2 **a. Kennen Sie den Begriff „Mietskaserne"? Was könnte er bedeuten?**

b. Lesen Sie den Text und entscheiden Sie, ob die Aussagen unten richtig oder falsch sind.

Leben in der Mietskaserne

Sowohl Voraussetzung als auch Begleiterscheinung der Industrialisierung war der Bevölkerungszuwachs in Deutschland. Die Bevölkerungszahl stieg in der zweiten Hälfte des 19. Jahrhunderts sprunghaft an, allein zwischen 1871 und 1910 wuchs die Bevölkerung von 41 auf 65 Millionen Menschen. Immer mehr Arbeitskräfte zogen vom Land in die rasant wachsenden Städte. Besonders die Reichshauptstadt Berlin wirkte wie ein Magnet auf die Menschen, um 1900 war Berlin die am dichtesten besiedelte Stadt der Welt. Dadurch entstand eine Wohnungsnot, der man mit dem Bau von großen Mietshäusern, den so genannten Mietskasernen, zu begegnen versuchte. Beim Bau versuchte man möglichst viel Wohnraum auf einem Grundstück unterzubringen, sodass die Wohnblöcke sehr dicht aneinander gebaut wurden. Abgesehen von den repräsentativen Wohnungen der Vorderhäuser, in denen Regierungsbeamte, Ärzte usw. wohnten, waren die Wohnbedingungen miserabel.

In den von allen Seiten umschlossenen Hinterhöfen gab es kaum Licht oder frische Luft, etwa zehn Prozent aller Wohnungen in Berlin waren dunkle, ungesunde Kellerwohnungen. In den Wohnungen der Hinterhäuser hausten oft zehn oder mehr Personen in einem oder zwei Zimmern. Diese Wohnungen hatten kein Badezimmer, die Toiletten im Treppenhaus mussten sich mehrere Mietparteien teilen. Typisch waren auch kleine Betriebe und Werkstätten wie Druckereien, Tischlereien etc. in den hinteren Höfen, die das Wohnen nicht ruhiger und die Luft nicht sauberer machten. Wenn ein Haus neu gebaut wurde, waren die ersten Bewohner oft sehr arme Leute, die die noch feuchten Räume „trockenwohnen" sollten. Viele wurden dadurch krank, außerdem mussten sich die Bewohner alle drei Monate eine neue Unterkunft suchen. Der berühmte Berliner Maler und Grafiker Heinrich Zille, der das Milieu dieser Zeit in seinen Zeichnungen festhielt, sagte einmal: „Man kann mit einer Wohnung einen Menschen genauso töten wie mit einer Axt."

	richtig	falsch
1. Im Zeitraum von 1871 bis 1910 wuchs die Einwohnerzahl im Deutschen Kaiserreich um 41 Millionen.	☐	☐
2. Berlin war attraktiv für Zuwanderer, weil es dort viele freie Wohnungen gab.	☐	☐
3. Um die Jahrhundertwende hatte Berlin die höchste Bevölkerungsdichte weltweit.	☐	☐
4. Die Wohnungen in den Mietskasernen waren überfüllt.	☐	☐
5. Die Wohnungen in den Hinterhäusern hatten meistens keine Innentoilette.	☐	☐
6. Die Betriebe und Manufakturen in den Hinterhäusern verursachten Lärm und verschmutzten die Luft.	☐	☐

c. Wie verstehen Sie das Zitat von Heinrich Zille? Diskutieren sie im Kurs.

3 **Als eine Folge des Ersten Weltkrieges verlor Deutschland rund zehn Prozent seines Territoriums. Recherchieren Sie die Gebietsveränderungen und beschreiben Sie diese mit Hilfe der Redemittel.**

→ **TIPP** Informationen zur deutschen Geschichte mit Bild- und Kartenmaterial finden Sie z. B. unter www.dhm.de.

> **Redemittel**
>
> Das Territorium / das Gebiet wurde abgetrennt / fiel an … / wurde abgetreten an … / verblieb in …
> Durch Volksabstimmung wurde entschieden, dass …
> Der eine Teil …, der andere Teil …

Das Dritte Reich und seine Folgen

1 Was wissen Sie über die Zeit des Nationalsozialismus in Deutschland? Haben Sie Ihr Wissen aus Büchern und Filmen oder aus Erzählungen Ihrer Familienangehörigen? Diskutieren Sie im Kurs und ergänzen Sie weitere Begriffe.

[handschriftliche Notizen: Assassination Attempt, Surrender, Oversee, Transfer of power, Persecution, Mass rally, resistance, destruction, escape, arming, Anschluss, Arbeit macht Frei, S.S.]

Attentat | Diktatur | Kapitulation | Überwachung | Machtübertragung | Verfolgung | Gleichschaltung | Großkundgebung | Widerstand | Vernichtung | Flucht | Aufrüstung | .... | .... | .... | .... |

2 **a.** Welche Begriffe aus 1 passen jeweils zu den Textstellen? Tragen Sie die richtigen Begriffe ein.

Der NS-Staat

Bereits 1930 zerbrach die letzte Mehrheitsregierung der Weimarer Republik, damit war das parlamentarische System am Ende. Als Folge der Weltwirtschaftskrise 1929 waren Millionen Menschen in Deutschland arbeitslos. Die Nationalsozialisten nutzten die allgemeine Depression und verbreiteten ihre Ideologie durch Massenaktionen mit Fahnen, Fackeln und Marschmusik (*Großkundgebung*). Am 30. Januar 1933 wurde Adolf Hitler zum Reichskanzler ernannt (*Machtübertragung*) und 20 Monate später konzentrierte der „Führer" alle Macht auf seine Person (*Diktatur*). Von Anfang an wurden politische Gegner – Sozialdemokraten, Kommunisten, Gewerkschafter – „ausgeschaltet" (*Widerstand*). Im faschistischen Staat mussten sich alle Bürger, alle gesellschaftlichen Organisationen ebenso wie Kunst und Kultur der nationalsozialistischen Ideologie unterordnen (*Vernichtung*), die Kontrolle übernahmen Polizei und Geheimdienste (*Überwachung*). Die Überwindung der Weltwirtschaftkrise und die Wirtschaftspolitik im NS-Staat brachte vielen wieder Arbeit, besonders die Ausgaben für den militärischen Sektor stiegen: der Krieg wurde vorbereitet (*Aufrüstung*).

Ab 1933 begann die systematische Entrechtung und Diskriminierung der jüdischen Bevölkerung. 1942 wurde auf der Wannsee-Konferenz die so genannten „Endlösung der Judenfrage" beschlossen, die Ermordung aller Juden im deutschen Machtbereich (*Verfolgung / Vernichtung*). Trotz des Terrors während der Diktatur gab es Menschen, die sich gegen das System auflehnten und sich im Geheimen organisierten: Einzelpersonen oder kleinere Gruppen, z. B. Kommunisten, Sozialdemokraten und Vertreter der Kirche (*Flucht / Widerstand*). Dem Regime gelang es aber immer wieder, die oppositionellen Kräfte zu zerschlagen. Auch der von militärischen Kreisen organisierte Bombenanschlag auf Hitler vom 20. Juli 1944 brachte den „Führer" und seine Herrschaft nicht in Gefahr (*Attentat*). Der Zweite Weltkrieg endete erst durch den vollständigen militärischen Sieg der Alliierten. Im Mai 1945 akzeptierte die deutsche Wehrmacht die bedingungslose Niederlage (*Kapitulation*). In der Folge mussten viele Menschen ihre Heimat für immer verlassen und ein neues Zuhause suchen (*Gleichschaltung / Flucht*).

[handschriftliche Randnotizen: Verfolgung, Gleichschaltung, to switch off, too clever, -5]

b. Hier sind die Ereignisse zeitlich durcheinander geraten. Finden Sie die richtige Reihenfolge und ergänzen sie die passenden Jahreszahlen.

- 3 ...... Machtübertragung an Hitler
- 1 ...... Weltwirtschaftskrise
- 4 ...... Erste Maßnahmen zur Entrechtung jüdischer Bürger
- 7 /8 ...... Kapitulation der deutschen Wehrmacht
- 6 ...... Attentat auf Hitler
- 2 ...... Beginnende Auflösung der Weimarer Republik
- 5 ...... Wannsee-Konferenz

3 Hatte der Zweite Weltkrieg auch Folgen für Ihr Land? Diskutieren Sie und recherchieren Sie gegebenenfalls.

4 Lesen Sie den Text und suchen Sie zu jeder Lücke das passende Wort aus.

„Die Brücke" – ein Film gegen den Krieg

Der Antikriegsfilm „Die Brücke" .... (1) 1959 von dem deutschen Regisseur Bernhard Wicki gedreht und basiert .... (2) einem autobiografischen Roman mit dem gleichen Titel. Er spielt im April 1945 in einer deutschen Kleinstadt. Hauptpersonen des Films sind sieben 16-jährige Jungen mit unterschiedlichem sozialem Hintergrund, die dieselbe Schulklasse besuchen. .... (3) das Ende des Krieges und des Nazi-Regimes bevorsteht, melden sich die Jungen zur Armee und werden tatsächlich eingezogen. Sie wollen am liebsten an vorderster Front kämpfen, um das Vaterland zu retten. Aber der Kommandeur befiehlt .... (4), die Brücke in ihrem Heimatort zu verteidigen. Was die Jungen nicht wissen, ist, dass die Brücke völlig unwichtig ist und von den Deutschen selbst zerstört werden soll. Die Situation eskaliert, ... (5) der Offizier, dem die Jugendlichen unterstellt sind, erschossen wird. Jürgen, selber Sohn eines Offiziers, sorgt .... (6), dass trotzdem alle zusammen die „Stellung halten". Im Kampf mit den einmarschierenden amerikanischen Soldaten wird einer nach dem anderen getötet. Die beiden zuletzt noch .... (7) stellen sich sogar den deutschen Soldaten entgegen, die die Brücke zur Explosion bringen wollen. Am Ende bleibt ein .... (8) Junge übrig.

Die drastischen Gewaltszenen im Film konfrontieren den Zuschauer mit .... (9) Realität des Krieges. Sie zeigen die tödlichen Konsequenzen des Faschismus mit seinen falschen Idealen von Heldentum und Kampf fürs Vaterland.

„Die Brücke" wurde im In- und Ausland mit zahlreichen Preisen .... (10) und bringt auch heute noch jugendliche Zuschauer zum Nachdenken.

(1) ist
war
wurde

(2) **auf**
über
in

(3) wegen
trotzdem
obwohl

(4) sie
ihnen
ihr

(5) wenn
inzwischen
als

(6) **dazu**
dafür
darum

(7) Überlebende
Überleben
Überlebenden

(8) einzige
einziger
einzig

(9) der
dem
den

(10) auszeichnen
ausgezeichnet
auszeichnet

5 Stellen Sie sich vor, Sie wären der Junge, der das Kommando an der Brücke kurz vor Kriegsende überlebt hat. Was hat er in der Zeit erlebt und gefühlt? Schreiben Sie in ein fiktives Tagebuch.

6 „Entnazifizierung" war ein zentrales Thema der unmittelbaren Nachkriegszeit. Können Sie sich vorstellen, welche Probleme es dabei gab? Diskutieren Sie im Kurs.

Zwei deutsche Staaten

1 **Welche Begriffe aus der Geschichte gehören zur Bundesrepublik, welche zur Deutschen Demokratischen Republik?**

Reisefreiheit | Volksaufstand 17. Juni 1953 | Nationale Volksarmee | soziale Marktwirtschaft | NATO |
Wirtschaftswunder | Nationalfeiertag 17. Juni | Warschauer Pakt | Versorgungsschwierigkeiten |
Reiseantrag | Konsumgesellschaft | Einheitspartei | zentrale Planwirtschaft | Verstaatlichung |
parlamentarische Demokratie | Bundeswehr

2 **Welche Bilder und Plakate gehören zur Bundesrepublik Deutschland, welche zur DDR? Ordnen Sie den Bildern jeweils auch ein passendes Stichwort aus Aufgabe 1 zu.**

1. ....
2. ....
3. ....
4. ....
5. ....
6. ....

3 **Hören Sie die Meinungen der fünf Personen und entscheiden Sie, ob die Sprecher in der DDR oder der BRD geboren wurden und worüber sie sprechen.** 🔊 10

	Herr Neumann	Herr Schmidt	Frau Reuter	Herr Behr	Frau Solms
BRD	X	X		X	
DDR		X	X		X
Reisefreiheit		X		X	X
Arbeit	X				X
Kirche	X				
Schule / Ausbildung	X	X			
Versorgung			X		
Kriminalität				X	X
Konsum			X	X	X
Kontakte		X		X	
Flucht	X			X	

36

4 a. Lesen Sie den Text und entscheiden Sie, ob die Aussagen dazu richtig oder falsch sind.

Musik und Politik

Der Musiker Udo Lindenberg hat als einer der ersten „Rocker" die Texte für seine Lieder in deutscher Sprache geschrieben und traf damit das Lebensgefühl junger Leute – in Ost und West. In seinem bekannten Song *Wir wollen doch einfach nur zusammen sein* erzählt er von einem jungen Mann aus dem Westen, der bei einem Tagesbesuch in Ost-Berlin, der Hauptstadt der DDR, ein „ganz heißes" Mädchen kennen lernt und sich verliebt. Die beiden stellen sich vor, dass sie ohne Probleme zusammen sein könnten, wenn die politischen Hindernisse nicht wären. In seiner Autobiografie verrät Udo Lindenberg, dass diese Geschichte authentisch ist: Er hat sie selbst erlebt. Die erträumten Ost-West-Rockkonzerte auf dem Alexanderplatz haben allerdings nie stattgefunden. Lindenberg durfte 1983 im Palast der Republik* in Ost-Berlin vor ausgewähltem Publikum auftreten, aber die für das folgende Jahr geplante Tournee durch die DDR wurde nicht erlaubt.

In der DDR wurde die „Unterhaltungskunst" politisch gelenkt und kontrolliert. Trotzdem gab es auch dort engagiert-kritische Bands, die sich an westlicher Beat- und Rockmusik orientierten. Der „Ostrock" der 70er-Jahre begeisterte auch Musikfans in der Bundesrepublik. In den 80er-Jahren waren die so genannten Mauerkonzerte eine Provokation für die DDR-Regierung. Weltstar wie Genesis, Michael Jackson oder Pink Floyd kamen zu Konzerten nach West-Berlin und spielten in der Nähe der Mauer, in Hörweite für Ostberliner. Musikfans aus der DDR versuchten dann auf der Ostseite möglichst nah an die Mauer zu gelangen. Dabei kam es regelmäßig zu Krawallen**, die Jugendlichen wurden verjagt, verhaftet und zum Teil auch bestraft.

1988 versuchte die DDR, Druck auf den West-Berliner Senat auszuüben: Pop- und Rockkonzerte an der Mauer sollten generell verboten werden. Im darauf folgenden Jahr fiel die Mauer – auch in musikalischer Hinsicht. Und Udo Lindenberg konnte endlich live für seine „Freunde in der DDR", wie es in seinem Lied *Sonderzug nach Pankow**** heißt, Musik machen.

*Palast der Republik = ehemaliger Sitz des DDR-Parlaments und großes Kulturhaus; inzwischen abgerissen
**Krawall = (politische) Unruhe, Streit, Krach
***Pankow = Stadtbezirk von Ost-Berlin

	richtig	falsch
1. Das Mädchen aus Ost-Berlin hat es tatsächlich gegeben.	☐	☐
2. 1983 veranstaltete Udo Lindenberg ein Konzert auf dem Alexanderplatz.	☐	☐
3. In der DDR wurde Unterhaltungskunst abgelehnt.	☐	☐
4. Junge Leute aus der DDR wollten die Mauerkonzerte auf ihrer Seite der Grenzanlagen miterleben.	☐	☐
5. Seit der Öffnung der Mauer ist auch die musikalische Trennung überwunden.	☐	☐

b. Das Lied ‚Wir wollen doch einfach nur zusammen sein' hat Lindenberg 1973 geschrieben. Recherchieren Sie den Liedtext und die damalige Situation in Berlin. Schreiben Sie davon ausgehend eine Liebesgeschichte aus der Perspektive des Jungen oder des Mädchens.

5 Die Idee für das Projekt „Grünes Band" als erstes gesamtdeutsches Naturschutzprojekt wurde bereits im Wendejahr 1989 geboren. Recherchieren Sie unter der angegebenen Internet-Adresse und stellen Sie das Projekt im Kurs vor. Präsentieren Sie einen Abschnitt des Bandes, den Sie gerne besuchen möchten. Was kann man dort erkunden?

Politik und Parteien

1

a. **Schauen Sie sich die Grafik an. Fassen Sie die Informationen in einem kurzen Bericht zusammen.**

→ **TIPP** Auf den Seiten 46 und 47 im Lesebuch finden Sie ergänzende Fakten.

b. **Beschreiben Sie das politische System in Ihrem Heimatland. Welche Verfassungsorgane gibt es? Wer darf wählen? Wie oft wird gewählt? Wer ist Regierungs- bzw. Staatchef? Gibt es Regionalparlamente?**

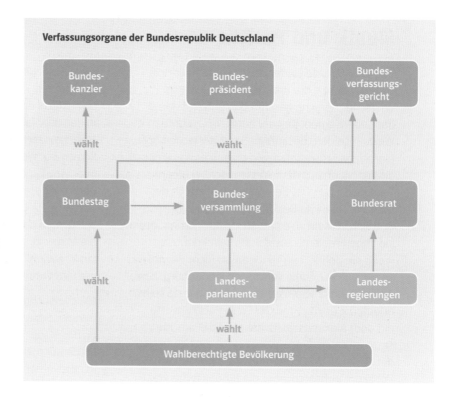

Verfassungsorgane der Bundesrepublik Deutschland

2

a. **Schauen Sie sich die abgebildeten Logos an. Vermuten Sie, welche Interessen und Ziele die zum Teil wenig bekannten Parteien vertreten.**

b. **Lesen Sie die Beschreibungen der Parteien und ergänzen sie den passenden Namen.**

1. Die .... tritt für das Recht auf Privatkopie und eine Liberalisierung des Autoren- und Patentrechts ein. Die Partei mit über 12 000, mehrheitlich jungen Mitgliedern lehnt staatliche Zensur im Internet und Videoüberwachungen im öffentlichen Raum ab.

2. Die .... setzt sich dafür ein, dass die Bundesländer mehr Autonomie erhalten, ihr Hauptziel ist ein von der Bundesrepublik unabhängiger Freistaat. Die Partei steht der EU kritisch gegenüber, sie ist christlich-konservativ orientiert. (5000 Mitglieder).

3. .... fordern eine spirituell und ethisch ausgerichtete Politik, ohne an eine bestimmte Religion gebunden zu sein. Ziel ist es, eine Gesellschaft zu entwickeln, in der jeder Mensch höhere Bewusstseins-Stufen erreichen kann. Auch Themen wie Natur- und Tierschutz,

direkte Demokratie und ein Grundeinkommen für alle Bürger sind Schwerpunkte im Programm dieser Partei (ca. 1150 Mitglieder).

4. Rückbesinnung auf die Einheit von Mensch, Tier und Natur – das ist das große Thema der .... Viele der ca. 800 Mitglieder sind Vegetarier oder Veganer. Die Partei engagiert sich für sozial Benachteiligte, für naturheilkundliche Verfahren in der Medizin und protestiert gegen Gentechnik und Kernenergie.

5. Gesundheit, Bildung und Rentenversorgung sind die drei zentralen Themenfelder der .... Laut Programm sollen alle Bürger, die Geld verdienen, in die Rentenkasse einzahlen, die Mindestrente soll 1000 Euro im Monat betragen. Die Partei fordert auch eine vollständige Finanzierung der schulischen und akademischen Ausbildung durch den Staat.

3 Lesen Sie die beiden Texte und tragen Sie die jeweils passenden Informationen in die Tabelle ein.

ARBEITSPLATZ: REGIERUNGSVIERTEL BERLIN

Was macht ein Abgeordneter, kurz MdB (Mitglied des Bundestages), eigentlich so den ganzen Tag? Nun, auf der faulen Haut liegen die Volksvertreter nicht, aber sie müssen viel sitzen. Während der Sitzungswochen haben sie sehr viele Termine: Mitarbeit in verschiedenen Gremien, Besprechungen mit Parteikollegen, Debatten im Plenum des Bundestages. Alle Abgeordneten sind auch Mitglieder in ein oder zwei Ausschüssen, z. B. im Verteidigungs-, Rechts- oder Gesundheitsausschuss. Zwischendurch empfangen sie Besuchergruppen, geben Interviews, studieren Akten, bereiten Reden vor und korrespondieren.
Jeder Abgeordnete hat ein eigenes Büro in Berlin mit mehreren Mitarbeiterinnen und Mitarbeitern. Der Büroleiter koordiniert alle Aufgaben und Termine.
In der „sitzungsfreien" Zeit haben die Abgeordneten oft in ihrem Wahlkreis zu tun. Ihren eigentlichen Beruf können die meisten deshalb nicht mehr ausüben. Das müssen sie auch nicht, denn sie werden vom Staat gut für ihre Arbeit bezahlt. Nach zwei Wahlperioden (jeweils vier Jahre) Mitgliedschaft im Bundestag haben die Politiker Anspruch auf eine Pension.

»Für unsere Demokratie ist es wichtig, dass die Leute politisch aktiv sind und sich in ihrem Umfeld engagieren. Deshalb habe ich mich zur Wahl gestellt und bin jetzt für fünf Jahre Mitglied in der Gemeindevertretung. Natürlich können wir hier keine Gesetze beschließen, aber wir regeln viele kommunale Angelegenheiten selbst, wenn es z. B. um Bauvorhaben oder Landschaftspflege geht. Normalerweise kommen wir achtmal im Jahr im Gemeindezentrum zusammen. Ich arbeite außerdem im Kultur- und Sozialausschuss mit, wir kümmern uns z. B. um den gemeindeeigenen Kindergarten und die Alten- und Jugendarbeit. Übrigens erhalten die Gemeindevertreter für jede Sitzung nur pauschal 20 Euro, die Tätigkeit ist nämlich ehrenamtlich.«

	MdB	Gemeindevertreter
Aufgaben / Tätigkeiten		
Arbeitszeit		
Bezahlung		
Dauer der Wahlperiode		

4 Bilden Sie Projekt-Teams im Kurs und werden Sie politisch aktiv. Gründen Sie eine eigene Partei, erfinden Sie einen passenden Namen, entwerfen Sie ein Logo und ein Kurzprogramm mit den wichtigsten Forderungen und Zielen. Präsentieren Sie im anschließenden „Wahlkampf" die Ergebnisse.

Kunst und Wissenschaft

Kunst und Architektur

1 Kunst: Was verbinden sie mit diesem Begriff? Erstellen sie ein Assoziogramm. Diskutieren Sie anschließend im Kurs.

kreativ

Was ist Kunst?

2 a. Sehen Sie sich die Gebäude an. Recherchieren Sie Wortschatz, den Sie zur Beschreibung benötigen und ergänzen Sie das Wortfeld „Architektur".

Bauten	Formen	Konstruktionselemente	Baustoffe
die Burg	spitz	das Fenster	der (Sand)Stein
das Schloss	rund	das Dach	das Holz
der Turm	gewölbt	die Säule	das Glas
der Dom	rechtwinklig	die Treppe	der (Stahl)Beton
das Kloster	kubisch	der Balkon	der Ziegel
....	....	....	....
....	....	....	....

b. Beschreiben Sie die Gebäude auf den Fotos, verwenden Sie dabei den Wortschatz aus der Aufgabe 2 a.

c. Aus welcher Zeit stammen die Bauten? Ordnen Sie die Abbildungen chronologisch.

d. Welche Funktion könnten die Gebäude haben? Welcher Architekturstil gefällt Ihnen?

4 Lesen Sie den Text und suchen Sie zu jeder Lücke das passende Wort aus.

Die Elbphilharmonie – Wahrzeichen der Hafencity

Hafencity – das ist der Name für den Stadtteil, ... (1) dort entstehen soll, wo früher in Hamburg der Hafen war. Mit Entwicklung der großen Containerschiffe hat das innerstädtische Hafengebiet seine .... (2) für die Industrie verloren. Deshalb beschloss der Hamburger Senat 1997, auf dem Areal die Hafencity zu bauen: hochwassersicher mit Raum für Büros und Geschäfte, für Restaurants und Hotels, für Kultur- und Freizeitangebote und Wohnungen für 12 000 Menschen. Historische Elemente .... (3) die Kaimauern oder die Speicherstadt mit der traditionellen Backsteinarchitektur werden in die .... (4) Neubebauung integriert. .... (5) Plätze und Promenaden an den Wasserflächen machen die hafentypische Atmosphäre erlebbar. Das ambitionierteste Einzelprojekt ist die Elbphilharmonie. .... (6) Plänen der Schweizer Architekten Herzog und de Meuron entsteht auf einem alten Kai-Speicher aus den .... (7) ein spektakuläres Konzerthaus: 110 Meter hoch, mit einem wellenförmigen Aufbau aus Glas. Auch zwei kleinere Musiksäle, ein Hotel, eine öffentliche Plaza als Aussichtsplattform und ein Parkhaus sind in dem Gebäude .... (8).
Die Meinungen zur Hafencity und der neuen Philharmonie sind – wie immer – geteilt. Die einen sind begeistert von der einmaligen, zukunftsorientierten Architektur und den Impulsen für die Entwicklung der Hansestadt. Die anderen befürchten, ... (9) ein steriles, „herzloses" Innenstadtgebiet entsteht, das nur für Investoren, Einwohner ohne Kinder, aber mit viel Geld, und Touristen attraktiv ist. Da gilt die Empfehlung: hinfahren und sich vor Ort selber ein .... (10) machen!

(1) welches	(2) Bedeutung	(3) wie	(4) modernen	(5) geöffnete
der	Stelle	als	moderner	öffentliche
wo	Rolle	an	moderne	offensichtliche

(6) von	(7) 60er-Jahre	(8) untergebracht	(9) obwohl	(10) Bild
nach	60er-Jahrzehnt	unterbringt	weil	Foto
bei	60er-Jahren	unterbringen	dass	Ansehen

5 Was gibt es im Hundertwasser-Museum zu sehen? Womit beschäftigt sich die aktuelle Ausstellung? Recherchieren Sie im Internet unter www.kunsthauswien.com.

Friedensreich Hundertwasser

Der österreichische Maler, Grafiker, Architekt und Lebenskünstler Friedensreich Hundertwasser (1928 – 2000) ließ sich von der Natur inspirieren und suchte nach Alternativen für die rationale, rechtwinklige Formensprache der modernen Architektur. Als „Architekturdoktor" machte er sich auch die Umgestaltung von Funktionsgebäuden zur Aufgabe: So erfolgte der Umbau einer ehemaligen Möbelfabrik zum Kunsthaus Wien nach seinen Entwürfen. Typisch für Hundertwassers individuellen, organischen Stil sind die bunten Farben, die „Baummieter" und die Gestaltung der Fenster.

Literatur und Musik

1 **a. Wo finden die beschriebenen Musik- und Literatur-Ereignisse statt? Finden Sie die passenden Orte auf der Karte und die Namen der Veranstaltungen.**

→ **TIPP** Im Lesebuch finden Sie einige Hinweise.

1. Berühmte Musiker wie Miles Davis, Oscar Peterson, Eric Clapton oder Sting sind hier schon aufgetreten und Jahr für Jahr erleben die ca. 220 000 Besucher neue Höhepunkte. Neben dem kostenpflichtigen Programm gibt es Gratis-Konzerte in Parks und Cafés der Stadt oder unter Palmen am See. ....- Festival in ....

2. Im Zentrum der Festspiele steht ein Künstler, der hier im 18. Jahrhundert als Kapellmeister gelebt und gearbeitet hat. An historischen Orten werden seine Werke von internationalen Interpreten aufgeführt, u.a. auch sein bekanntestes Werk „Die Schöpfung". .... Festival in ....

3. Ende 2008 wurde der Flughafen Tempelhof für den Flugbetrieb geschlossen, seitdem findet auf dem imposanten Gelände das Festival statt. Freunde von Rock und elektronischer Musik kommen dort, wo Ende der 40er-Jahre Transportflugzeuge die abgeschnittene Stadt über eine Luftbrücke versorgten, voll auf ihre Kosten. .... Festival.

4. Die Tradition des Festes reicht bis in das Jahr 1845 zurück. Heute wird der berühmteste Künstler der ehemaligen Hauptstadt der BRD jedes Jahr über vier Wochen lang gefeiert. Auch in Kirchen, Museen und Gebäuden der Politik finden Veranstaltungen statt. ....fest in ....

5. Die Veranstaltung ist die zweitgrößte ihrer Art im Lande. Um sich gegenüber der Konkurrenz in Frankfurt zu behaupten, wird besonderer Wert auf die Begegnung zwischen Autor und Leser gelegt. So findet parallel zu der Veranstaltung in der gesamten Stadt Europas größtes Lesefest statt. ....messe in ....

b. Auch in den anderen Städten auf der Karte gibt es interessante „Events". Recherchieren Sie.

Mit Worten „schlagen"

Poetry Slam ist ein Import aus den USA und seit den 1990er-Jahren auch in den deutschsprachigen Ländern verbreitet. „Slam" bedeutet eigentlich „schlagen" und meint hier einen Wettstreit, bei dem Dichterinnen und Dichter vor Publikum gegeneinander antreten. Das Besondere daran ist, dass die Slam-Poeten ihre selbst geschriebenen Texte auf der Bühne inszenieren. Dabei dürfen sie keine Hilfsmittel wie Kostüme oder Musikinstrumente benutzen und müssen eine vorgegebene Zeit, meistens 5 Minuten, einhalten. Die Vorträge werden dann vom Publikum oder einer Jury bewertet. Die Texte sind ganz unterschiedlich: Lyrisches, Mini-Erzählungen, Tagebuch-Einträge, Kabarettistisches usw. Sie werden geschrien, geflüstert, gespielt, gerappt. Inhaltlich geht es um Politik, Medien, Gewalt, Liebe, Sex – erlaubt ist fast alles. Hauptsache es ist spontan, authentisch, witzig und bringt das Publikum in Bewegung. Auch sein Gesangstalent darf man einbringen, aber die meiste Zeit muss gesprochen werden. Poetry Slams werden regelmäßig in Theatern, Clubs oder Kneipen veranstaltet. Die Gewinner erhalten meistens eine CD, ein Buch oder ein T-Shirt als Preis. Seit 1997 finden die „Deutschsprachigen Poetry-Slam-Meisterschaften" statt, an denen „Slammer" aus Deutschland, Österreich, der Schweiz und Liechtenstein teilnehmen. Die bekanntesten Slam-Poeten der Szene fahren von einem Auftrittsort zum nächsten und können von ihrer Kunst leben. Auch das Goethe-Institut hat diesen jungen, „wilden" Trend der literarischen Szene entdeckt und schickte deutschsprachige Slam-Poeten auf eine Welttournee und veranstaltete außerdem einen Poetry-Slam-Videowettbewerb.

2 a. **Lesen Sie den Text und lösen Sie dann die Aufgaben.**

1. Bei einem Poetry Slam
   - a treten sich die Dichter gegenseitig.
   - b schlagen sich die Dichter.
   - c treten die Dichter in Wettstreit miteinander.

2. Die Slam-Poeten müssen
   - a ein Zeitlimit beachten.
   - b länger als 5 Minuten vortragen.
   - c eine Rede von 5 Minuten halten.

3. Slammer inszenieren
   - a ein Theaterstück.
   - b ihre Texte.
   - c einen Streit.

4. Das Goethe-Institut hat Poetry Slam
   - a in Deutschland bekannt gemacht.
   - b zum Trend in der deutschsprachigen Literatur erklärt.
   - c auf einer Tournee mit deutschsprachigen Slammern im Ausland vorgestellt.

b. **Veranstalten Sie selber einen Poetry Slam. Tragen Sie einen Text, der Ihnen gefällt oder den Sie selbst geschrieben haben, vor und lassen Sie die Zuhörer abstimmen.**

3 a. **Hören Sie den Radiobericht und beantworten Sie in einem Satz: Worum geht es im Text?** ◎ 11

b. **Hören Sie den Bericht noch einmal und lösen Sie die folgenden Aufgaben.**

	richtig	falsch
1. Die Popakademie ist die einzige Musikhochschule Deutschlands.	☐	☐
2. Die Akademie ist als öffentlich-private Partnerschaft organisiert.	☐	☐
3. Die Popakademie wurde 2004 gegründet.	☐	☐
4. Neue Studenten können sich nur zum Wintersemester einschreiben.	☐	☐
5. Nur ca. 10 % der Bewerber bekommen einen Studienplatz.	☐	☐
6. Musikbusiness-Studenten müssen vor dem Studium zwei Praktika machen.	☐	☐

Wirtschaft und Industrie

1 Lesen Sie den Text. Bilden Sie anschließend aus den Silben die gesuchten Begriffe aus dem Text. Wenn Sie die in Klammern angegebenen Buchstaben von oben nach unten lesen, ergibt sich das Lösungswort.

Ein Schuh geht um die Welt

Die Marke „adidas" kennt heute fast jeder, aber nur wenige wissen, dass die Anfänge der Firmengeschichte nach Deutschland und ins Jahr 1920 führen. Damals entwickeln der 20-jährige Adolf Dassler und sein Bruder Rudolf in ihrem Heimatort Herzogenaurach bei Nürnberg einen Trainingsschuh für Läufer. Adolf Dassler ist selber sportbegeistert und produziert ab 1925 Spezialschuhe für Leichtathleten und Fußballer. Zu seinen Kunden gehören weltberühmte Sportler. Wenn sie in Dasslers Schuhen bei internationalen Wettkämpfen auf dem Siegerpodest stehen, ist das die beste Werbung für die Firma.

Erst 1949 wird „adidas" als Firmenname eingetragen, nach dem Spitznamen „Adi" für Adolf und dem abgekürzten Familiennamen. Die Fußball-WM 1954 in der Schweiz gilt als Start für die Weltkarriere des Unternehmens. Das deutsche Nationalteam wird – auch dank der neuen Adidas-Schuhe mit auswechselbaren Stollen – Weltmeister.

Ende der 1970er-Jahre ist adidas mit 10 000 Beschäftigten weltweit, Exporten in 150 Länder und einem Sortiment von 700 verschiedenen Produkten führend in der Sportartikelindustrie. Einer der schärfsten Konkurrenten auf dem Markt war lange Zeit die Firma Puma, die Rudolf Dassler 1948 gründete. Die beiden Dassler-Brüder hatten sich im Streit getrennt.

Heute ist adidas kein Familienunternehmen mehr, sondern ein internationaler Konzern in Form einer Aktiengesellschaft mit einem Jahresumsatz von mehr als 10 Milliarden Euro. Offizielles Logo der Firma sind die drei Streifen und das Kleeblatt mit den drei Blättern. Es gibt spezielle Schuhmodelle, die geradezu Kult sind, z. B. das Modell Samba.

Die Adidas-Gruppe investiert viel Geld in Sponsoring und als Partner des Weltfußball-Verbandes und der Olympischen Spiele. Profitabel ist das Geschäft auf jeden Fall und – wie Kritiker anmerken – auch deshalb, weil das Unternehmen fast nur in Billiglohnländern produziert, vor allem in Südostasien.

---

ak | be | bel | bung | de | en | ex | fi | füh | ge | go | kar | kon | kun | kur | lo | men | neh | port | pro | re | rend | rent | rie | satz | schaft | schäf | sell | ta | te | ter | ti | tig | um | un | welt | wer

1. Arbeitnehmer, Angestellte (3. Buchstabe) ....
2. Fremdwort für: Ausfuhr von Waren (3) ....
3. geschütztes Zeichen, Symbol für eine Firma (2) ....
4. an erster Stelle (4) ....
5. Unternehmensform mit Anteilseignern (3) ....
6. Einnahmen, Verkäufe eines Betriebes (4) ....
7. Reklame, verkaufsfördernde Maßnahmen (3) ....
8. Firma, Konzern (3) ....
9. ertragreich, gewinnbringend (5) ....
10. Käufer, Abnehmer (1) ....
11. Mitbewerber, Gegner (8) ....
12. internationaler Aufstieg, Erfolg (3) ....

LÖSUNGSWORT: ....

2 a. Lesen Sie die Texte und notieren Sie, um welche Erfindung es geht. Die Fotos helfen Ihnen dabei.

Made in Germany
Deutsche Erfindungen haben die Welt verändert. Die Fotos zeigen eine Auswahl von Produkten und Innovationen aus den letzten 500 Jahren.

1. .... Heute gilt diese Erfindung in ihrer ursprünglichen Form fast als altmodisch. Die technischen Voraussetzungen dafür hat der Deutsche Philipp Reis entwickelt. Aber erst nach seinem Tod und durch die Arbeit eines berühmten amerikanischen Erfinders verbreitet sie sich in der ganzen Welt und verändert die Möglichkeiten der Kommunikation auf radikale Weise.

2. .... Für Gottlieb Daimler und Wilhelm Maybach wäre es sicher unvorstellbar gewesen, dass man heute auf zwei Rädern bis zu 250 km/h erreichen kann. Früher musste man sich mit 0,5 PS und 12 km/h zufrieden geben. Die ersten Konstruktionen waren auch nicht besonders komfortabel, aber die Erfindung ist eine wichtige Etappe auf dem Weg zur modernen motorisierten Welt.

3. .... Heute gehört diese Erfindung in den Industrieländern in fast jeden Haushalt, sogar Schlafzimmer sind manchmal damit ausgestattet. Manfred von Ardenne führte zur Funkausstellung in Berlin die erste vollelektronische Version vor. Er hat mit seinen technischen Entwicklungen dafür gesorgt, dass dieses Medium seinen weltweiten Siegeszug antreten konnte, indem es die Welt ins Wohnzimmer brachte.

4. .... Selten war eine Erfindung so revolutionär und folgenreich wie diese. Zu verdanken ist die Medienrevolution Johannes Gutenberg: Ideen und Wissen wurden der breiten Bevölkerung zugänglich und die Wissenschaften entfalteten sich.

5. .... Fast niemand kennt seinen Namen, aber viele nutzen seine Erfindungen: Rudolf Hell ist nicht nur der geistige Vater dieses Bürogerätes, sondern hat insgesamt 131 Patente angemeldet und gilt als Wegbereiter des digitalen Zeitalters. Wenn heute z. B. in einer Redaktion Texte und Bilder in kürzester Zeit bearbeitet und reproduziert werden, so hat auch das mit Hells genialen Ideen zu tun.

b. Können Sie die abgebildeten Erfindungen chronologisch ordnen? Stellen Sie Vermutungen an und recherchieren Sie anschließend.

Krisen und Konflikte

1 **a.** Vergleichen Sie die statistischen Angaben zum Thema „Die Ängste der Deutschen" für die Jahre 1991 und 2009. Diskutieren Sie die Veränderungen.

Die Deutschen haben Angst vor …	2009	1991
steigenden Lebenshaltungskosten	63%	34%
Pflegefall im Alter	54%	30%
schwerer Erkrankung	49%	22%
eigener Arbeitslosigkeit	48%	30%
sinkendem Lebensstandard im Alter	37%	28%
Spannungen durch den Zuzug von Ausländern	37%	49%
Straftaten	24%	34%

b. Wovor haben die Menschen in Ihrer Heimat wohl am meisten Angst?

2 **a.** Sehen Sie sich die Fotos an, kommentieren Sie die Situationen und finden Sie jeweils eine passende Bildunterschrift. Was ist Ihrer Meinung nach das gemeinsame Thema der Bilder?

....

b. Lesen Sie die folgenden Aussagen und ordnen Sie diese den passenden Fotos zu.

1. »Als so genannter Langzeitarbeitsloser habe ich wenig Hoffnung auf Rückkehr in ein geregeltes Arbeitsleben. Ich bin froh, dass ich bei der TAFEL Menschen in einer ähnlichen Situation helfen kann. Außerdem habe ich etwas Sinnvolles zu tun, auch wenn ich kein Geld dafür bekomme.«

2. »Wenn es bessere Betreuungsangebote für die Kinder gäbe, könnte ich vielleicht wieder in meinem Beruf arbeiten. Momentan leben wir von Hartz IV, mehr schlecht als recht. Ich finde, dass der Staat mehr für Menschen in meiner Situation tun müsste.«

3. »Am Anfang war ich schockiert, dass ich wie eine anonyme Nummer behandelt werde. Aber die Mitarbeiter müssen sich an die gesetzlichen Vorgaben halten und die Misere auf dem Arbeitsmarkt können Sie ja auch nicht ändern.«

3 a. Lesen Sie den Text und markieren Sie die Hauptaussagen.

Reiches Deutschland – armes Deutschland

Armut und Reichtum – wie kann man das messen? Ist Armut in einem afrikanischen Land vergleichbar mit der in Deutschland? Eins ist klar: Armut hat nicht nur damit zu tun, wie viel jemand hat oder nicht hat, sondern auch damit, welche Art von Reichtum es in der Gesellschaft gibt, in der er lebt.

In Deutschland zählen 11,5 Millionen Menschen zu den relativ Armen, d.h. sie haben weniger als die Hälfte des durchschnittlichen Einkommens zur Verfügung. Die Gründe für den sozialen Abstieg oder die fehlende Möglichkeit zum Aufstieg sind unterschiedlich. Wer in Deutschland arm ist, ist meistens arbeitslos, weil er z.B. keinen Schulabschluss oder keine Berufsausbildung hat, zu alt ist für eine Vermittlung oder allein Kinder erziehen muss. Menschen mit Migrationshintergrund sind dreimal so oft von Armut betroffen. Sprachliche Defizite, aber auch Vorurteile gegenüber Ausländern verschlechtern ihre Chancen auf dem Arbeitsmarkt. Auch Ereignisse im Privatleben können in die Armut führen: Trennung vom Lebenspartner, Krankheit oder Überschuldung. Ein weiteres Problem, dass sich in der Zukunft verschärfen wird, ist die Altersarmut, denn eine Biografie mit längeren Zeiten der Arbeitslosigkeit hat auch niedrigere Renten zur Folge. Außerdem gibt es auch in Deutschland immer mehr „Working Poor", die typische Niedriglohn-Berufe haben, z.B. Wachleute, FrisörInnen oder Reinigungskräfte.

Wer in der Bundesrepublik arbeits- bzw. mittellos ist, bekommt Transferleistungen (Hartz IV), das sind ca. 360 Euro monatlich und zusätzlich das Geld für die Wohnungsmiete inklusive Nebenkosten. Arme Menschen in Deutschland müssen nicht verhungern und haben ein Dach über dem Kopf. In den Hartz-IV-Haushalten fehlt aber das Geld für viele Dinge, die für andere selbstverständlich sind: Kinobesuche, Auto, Reisen, neue Möbel oder Haushaltsgeräte usw. Das hat soziale und kulturelle Ausgrenzung zur Folge. Darunter leiden besonders die Kinder. In der Hauptstadt, wo sehr viele Einwohner auf Sozialleistungen angewiesen sind, gilt schon jedes dritte Kind als arm. Berlin ist so auch ohne Mauer eine geteilte Stadt und in ganz Deutschland stellt die zunehmende Ungleichheit eine Bedrohung für Demokratie und sozialen Frieden dar.

b. Erläutern Sie die folgenden Punkte mit Hilfe der Informationen aus dem Text in Stichworten. Ergänzen Sie eigene Gedanken.

Definition „relative Armut": ....

Armutsrisiken: ....

„Working Poor" sind: ....

Staatliche Hilfen: ....

„Soziale" bzw. „kulturelle" Ausgrenzung" bedeutet: ....

4 Stellen Sie sich vor, Sie haben für Spenden eine Summe von 1000 Euro zur Verfügung. Einigen Sie sich in Ihrer Arbeitsgruppe – nach den nötigen Recherchen – auf ein Vorhaben und stellen Sie Ihren „guten Zweck" im Kurs vor. Am Ende entscheiden alle Teilnehmer gemeinsam, welches Projekt ausgewählt wird.

Weniger Geld für Spenden

Die Finanz- und Wirtschaftskrise beeinflusst auch die Spendenfreudigkeit der Bundesbürger. Die Zahl der Spender geht kontinuierlich zurück. Nach Angaben des Deutschen Spendenrats sank die Quote 2009 erstmals unter 20 Prozent. Insgesamt gelten die Deutschen aber als fleißige Spender: viele Bürger unterstützen den Kultur- oder Sportverein im eigenen Dorf genauso wie weltweit tätige Hilfsorganisationen. Naturkatastrophen wie das Erdbeben in Haiti lösen eine Welle der Hilfsbereitschaft aus. Vor allem ältere Menschen sind weiterhin gebefreudig.

Medienmarkt

1 Lesen Sie den Text und suchen Sie zu jeder Lücke das passende Wort aus.

MeinungsBILDend?

Die BILD-Zeitung ist eine typische Boulevard-zeitung mit großen Überschriften und Fotos, plakativen Schlagzeilen, vielen Sensationsbe-richten und wenig Hintergrundinformationen. Boulevardzeitungen heißen .... (1) so, weil sie früher nur im Straßenverkauf erhältlich .... (2).

BILD erscheint .... (3) 1952 im Axel-Springer-Verlag und ist mittlerweile die auf-lagenstärkste Zeitung in Europa. Die Zeitung ist preisgünstig und man kann sie auch heute noch an der Straße – meist aus .... (4) – kaufen. Es gibt Sonntagsausgaben und verschiedene „Ableger" für ausgewählte Ziel-gruppen, z. B. Auto Bild, Bild der Frau oder Computer Bild. Die Bild-Zeitung selbst erreicht fast 18 % der deutschen Bevölkerung ab 14 Jahren, vor allem Arbeiter und Angestellte mit Haupt- oder Realschulabschluss.

Sogar in den „Hochburgen" der deutschen .... (5), z. B. auf Mallorca oder den Kanarischen Inseln, kann man spezielle Aus-landsausgaben der BILD kaufen.

Inhaltlich .... (6) sich das Blatt in erster Linie mit dem Leben von Prominenten, mit Skandalen und Verbrechen oder Katastrophen und Sensationen. Fast 50 % der Leser kaufen die BILD wegen der Sportseiten, auf .... (7) „König Fußball" regiert.

Die BILD-Zeitung und der Springer-Konzern waren und sind immer wieder im Focus der Kritik, ob nun .... (8) der Studentenproteste in den 1960er- und 70er-............................ (9) oder in neuerer Zeit z. B. im Zusammenhang mit der Berichterstattung über den Tod von Popstar Michael Jackson.

Am Thema BILD-Zeitung scheiden sich in Deutsch-land die Geister: für die einen ist sie tägliche Infor-mationsquelle und Medium, ... (10) das man spricht. Die anderen glauben der BILD nicht einmal das aktuelle Datum!

(1) allerdings / übrigens / denn

(2) waren / wurden / wären

(3) von / seit / in

(4) Kiosk / Händler / Automaten

(5) Urlaub / Tourismus / Urlauber

(6) kümmert / versorgt / beschäftigt

(7) die / denen / den

(8) während / in / innerhalb

(9) Jahre / Jahrzehnte / Jahren

(10) von / über / mit

2 Beschäftigen Sie sich in Ihrer Arbeitsgruppe mit einer ausgewählten deutschsprachigen Zeitung oder Zeitschrift und stellen Sie diese anschließend vor. Bearbeiten Sie dabei folgende Aspekte:

- Name und Art der Publikation
- Erscheinungsweise (täglich, wöchentlich, vierteljährlich etc.)
- Erscheinungsort
- Äußeres (Layout, Aufmachung)
- Rubriken / Themen
- Schlagzeilen / Überschriften
- Werbung / Anzeigen
- Sprache
- Vermutungen über Leser / Zielgruppe

3 a. **Hören Sie das Gespräch von der CD ein erstes Mal. Über welche Medien wird gesprochen?** ◎12

☐ Fernsehen   ☐ Bücher   ☐ Computer   ☐ Handy   ☐ Internet

b. **Hören Sie das Gespräch noch einmal und entscheiden Sie, ob die Aussagen falsch oder richtig sind.**

	richtig	falsch
1. Herr Obermeier arbeitet im Jugendfreizeitzentrum in Bremen.	☐	☐
2. Viele Eltern befürchten, dass ihre Kinder drogensüchtig werden.	☐	☐
3. Eltern und Kinder sollten Regeln zum Umgang mit Medien vereinbaren.	☐	☐
4. Eltern können Filter auf dem PC installieren, um bestimmte Seiten im Internet zu sperren.	☐	☐
5. Herr Obermeier empfiehlt allen Eltern, die Mediennutzung ihrer Kinder streng zu überwachen.	☐	☐

4 **Welche Medien nutzen Sie wofür? Entscheiden Sie sich in Ihrer Arbeitsgruppe für ein Medium und erstellen Sie dazu einen ausführlichen Fragebogen. Interviewen Sie die anderen Teilnehmer zu ihren Nutzungsgewohnheiten und präsentieren Sie die Ergebnisse auf einem Poster.**

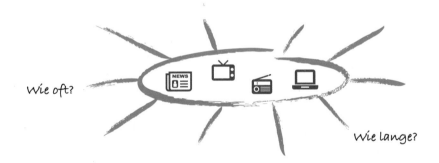

5 **Schreiben Sie eine Geschichte über den „alltäglichen Medienwahnsinn". Geben Sie Ihrem Text einen lustigen bzw. satirischen Ton. Sie können auch den Cartoon „zu Ende" zeichnen.**

Land im Überblick

1   **Deutschland-Quiz: Testen Sie Ihr Landeskunde-Wissen. Welche Antwort ist die richtige?**

1. Wie viele Nachbarstaaten hat Deutschland?
   - a   7
   - b   8
   - ☒   9 ✓
   - d   10

2. Seit wann hat Deutschland die Grenzen von heute?
   - a   1945
   - b   1949
   - ☒   1989
   - d   1990 ✓

3. Wann wird jedes Jahr der „Tag der Deutschen Einheit" gefeiert?
   - a   17. Juni
   - b   1. Mai
   - ☒   9. November
   - d   3. Oktober ✓

4. Wie viele Landeshauptstädte gibt es?
   - a   13
   - b   14
   - ☒   16 ✓
   - d   19

5. Welches der folgenden Länder grenzt nicht an Deutschland?
   - a   Belgien
   - b   Liechtenstein ✓
   - ☒   Tschechien
   - d   Dänemark

6. Welches Bundesland hat die meisten Einwohner?
   - ☒   Bayern
   - b   Baden-Württemberg
   - c   Nordrhein-Westfalen ✓
   - d   Niedersachsen

7. In welcher Stadt findet man das „Brandenburger Tor"?
   - ☒   Berlin ✓
   - b   Potsdam
   - c   Neubrandenburg
   - d   Magdeburg

8. Welche dieser Großstädte hat die wenigsten Einwohner?
   - ☒   Rostock
   - b   Bonn
   - c   Bremen
   - d   Potsdam ✓

9. Wo befindet sich Deutschlands größtes Fußballstadion (nach Plätzen)?
   - a   München
   - ☒   Dortmund ✓
   - c   Hamburg
   - d   Berlin

10. Welches der genannten Bundesländer grenzt an kein anderes europäisches Land?
    - a   Rheinland-Pfalz
    - b   Niedersachsen
    - ☒   Thüringen ✓
    - d   Brandenburg

11. Was ist das „Nationaltier" der
    Bundesrepublik Deutschland?
    a Adler ✓ *Eagle*
    b Löwe
    c Stier
    ☑ Bär

12. Wie heißt die westlichste
    Großstadt in Deutschland?
    a Karlsruhe
    b Freiburg
    ☑ Saarbrücken
    d Aachen ✓

13. Welchen Platz hat Deutschland
    unter den „Biertrinker-Nationen"?
    a 1.
    ☑ 2. ✓
    c 3.
    d 4.

14. Wo befindet sich Deutschlands
    größter Hafen?
    a Bremerhaven
    b Rostock
    ☑ Hamburg ✓
    d Cuxhaven

15. Wo erfand Johannes Gutenberg
    den Buchdruck?
    a Mainz ✓
    b Mannheim
    c Trier
    ☑ Leipzig

16. Wann wurde in Deutschland der
    Euro als Bargeld eingeführt?
    ☑ 1999
    b 2000
    c 2001
    d 2002 ✓

17. Wer von den Genannten war
    niemals Bundeskanzler?
    a Willy Brandt
    b Helmut Kohl
    ☑ Richard von Weizsäcker ✓
    d Gerhard Schröder

18. Welcher Bundesligaverein ist der
    Fußball-Rekordmeister?
    a Borussia Dortmund
    ☑ FC Bayern München ✓
    c Werder Bremen
    d Schalke 04

19. Was versteht man in Deutschland
    unter der „fünften Jahreszeit"?
    ☑ Karneval ✓
    b Advent
    c Weihnachten
    d Oktoberfest

20. Wie heißt der volkstümliche Begriff
    für die Dialekte, die im Norden
    Deutschlands verbreitet sind?
    a Oberdeutsch
    b Plattdeutsch ✓
    c Hochdeutsch
    ☑ Niederländisch

Regionales

1 Ordnen Sie die Beschreibungen dem passenden Foto zu.

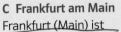

A Rügen Deutschlands größte Insel – fast 1000 km² – wird von Einheimischen und Besuchern auch als die schönste bezeichnet. Die Küste ist sehr abwechslungsreich mit langen Sandstränden, versteckten Buchten und den berühmten Kreidefelsen. In Tourismuszentren wie Binz oder Göhren dokumentieren die weißen Häuser im Stil der Bäderarchitektur, dass es auch früher schon Erholungsuchende nach Rügen zog. Ein wichtiger Ausgangsort für den Verkehr über die Ostsee ist der Hafen der Stadt Sassnitz. Seit 1936 ist die Insel von Stralsund aus über den Rügendamm mit dem Festland verbunden. 2007 wurde eine neue dreispurige Hochbrücke ausschließlich für den Kfz-Verkehr fertig gestellt.

B Berchtesgadener Land Als Ende des 19. Jahrhunderts Alpenreisen zunehmend in Mode kamen, wurde Berchtesgaden zu einem bedeutenden Fremdenverkehrsort. Noch heute ist Tourismus der wichtigste Wirtschaftsfaktor. Die Berchtesgadener Alpen laden zu ausgedehnten Bergwanderungen und alpinen Klettertouren ein. Höchster Punkt ist die Spitze des Watzmann-Massivs mit 2713 Metern. Der Nationalpark Berchtesgaden ist der einzige deutsche Nationalpark in den Alpen. Zu seinem Gebiet gehört auch der Königssee, der wie ein Fjord eingebettet in der Berglandschaft liegt.

C Frankfurt am Main Frankfurt (Main) ist mit ca. 670 000 Einwohnern die fünftgrößte Stadt in der Bundesrepublik. Der Name der Stadt deutet darauf hin, dass sie an einem Übergang (Furt) durch den Fluss Main entstanden ist. Im achten Jahrhundert gegründet, war die Stadt bereits im Mittelalter ein wichtiges urbanes Zentrum. Historische Überreste dieser Zeit finden sich noch am Römerberg, dem Rathausplatz. Die Kaiser des Heiligen Römischen Reiches Deutscher Nation wurden dort gewählt und gekrönt. In Frankfurt kam 1848 / 49 auch das erste frei gewählte deutsche Parlament zusammen. Aus der Umgebung der Stadt, in der ca. 1,8 Millionen Menschen leben, kommen jeden Tag über 320 000 Arbeitspendler nach Frankfurt. Größter Arbeitgeber ist der Frankfurter Flughafen.

D Ruhrgebiet Das Ruhrgebiet ist mit über 5 Millionen Einwohnern einer der größten Ballungsräume Europas, benannt nach dem Fluss Ruhr. Die Entwicklung zum Zentrum der Montanindustrie begann nach 1800, das gesamte Gebiet wurde als Lieferant für Kohle und Stahl erschlossen. Die Bevölkerungszahlen stiegen explosionsartig, ehemalige Dörfer entwickelten sich zu Großstädten. Typisch für das Ruhrgebiet sind die fließenden Übergänge zwischen den Zentren und die dadurch relativ geringe Siedlungsdichte. Heute sind die meisten Bergwerke stillgelegt und zum Teil in Parklandschaften und Erholungsgebiete umfunktioniert. Die Region leidet unter hoher Arbeitslosigkeit und den strukturellen Problemen. Auf der anderen Seite bietet das Ruhrgebiet interessante Industriegeschichte, Museen, Theater sowie Festspiele und war 2010 Kulturhauptstadt Europas.

E Spreewald Knapp 100 Kilometer südlich von Berlin liegt der Spreewald, ein Gebiet, das als Naturraum und historische Kulturlandschaft interessant ist. Charakteristisch ist der Fluss Spree – der auch durch Berlin fließt – mit seinen vielen natürlichen Verzweigungen und den zusätzlich angelegten Kanälen. Insgesamt haben die Wasserläufe eine Länge von über 970 Kilometern. Der Spreewald mit seiner einzigartigen Landschaft ist als UNESCO-Biosphärenreservat geschützt. Die Region und die benachbarte Lausitz gehören zum Siedlungsgebiet der Sorben, einem kleinen slawischen Volk mit eigener Sprache und eigenem Brauchtum. „Witajso knam", herzlich willkommen, sagt man zu den mehr als vier Millionen Touristen im Jahr. Eine Fahrt in den typischen Booten, die mit Stangen fortbewegt werden, ist Pflicht im Besichtigungsprogramm.

2 **a. Tragen Sie auf der Karte die Orte aus Aufgabe 1 ein. Ergänzen Sie die Namen der fünf betreffenden Bundesländer.**

b. Erarbeiten Sie in Ihrer Arbeitsgruppe einen Kurzvortrag über eine interessante Stadt oder Region in einem anderen Bundesland.

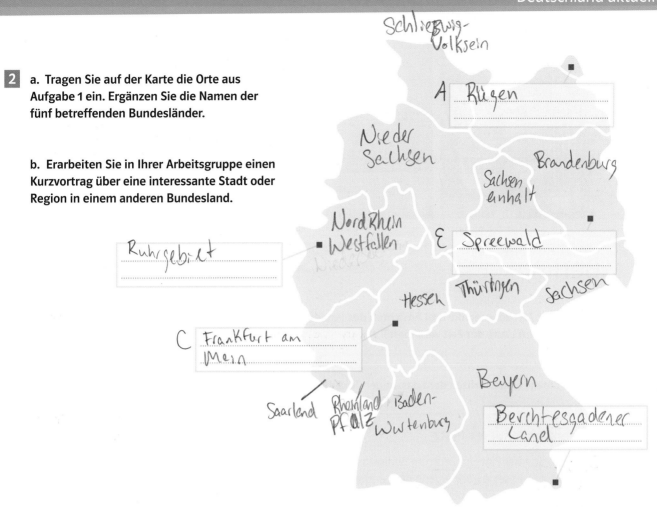

Schleswig-Holstein

A Rügen

Nieder Sachsen

Brandenburg

Sachsen anhalt

NordRhein Westfalen

E Spreewald

Ruhrgebiet

Hessen

Thüringen

Sachsen

C Frankfurt am Mein

Saarland

Rheinland Pfalz

Baden-Württenburg

Bayern

Berchtesgadener Land

3 **a. In welcher Region oder Stadt aus Aufgabe 1 leben die drei Sprecher?**

1. »Manche Leute können nicht verstehen, dass ich mich hier heimisch fühle, aber meine ganze Familie lebt hier schon seit einigen Generationen. Ein Großvater und meine beiden Urgroßväter haben im Bergbau geschuftet, aber das ist heute ja Geschichte. Ich mag die Menschen hier, ich spreche den Dialekt, mir gefällt die Kultur der so genannten kleinen Leute. Außerdem ist nicht alles grau und hässlich, es gibt viel Grün und tolle Freizeitmöglichkeiten.«

2. »„Wohnen, wo andere Urlaub machen" – auf mich trifft dieser Spruch zu. Meine Frau und ich leben vom Tourismus, wir führen eine kleine Pension. Während der Hauptsaison müssen alle in der Familie mit anpacken, aber vor allem im Winter geht es ruhiger zu. Dann haben wir endlich auch Zeit für lange Strandspaziergänge und lassen uns die gesunde Luft um die Nase wehen. Einige Stammgäste kommen aber auch in der kalten Jahreszeit: die wissen, dass es an der Küste immer schön ist.«

3. »Wenn die Leute das Wort Heimat hören, denken sie meist an idyllische Landschaften und romantische Dörfer. Aber ich fühle mich hier mit all dem Beton um mich herum genauso zu Hause. Ich habe alles, was ich brauche, vor der Haustür: Supermarkt, Restaurants, Bus- und U-Bahn-Station, Kindergarten, Schule … Beruflich bin ich viel unterwegs, da ist es günstig, in der Nähe eines großen Flughafens zu leben. Ich bin hier nach dem Studium an der Goethe-Universität „hängen geblieben" und bereue es bis heute nicht.«

b. Schreiben Sie selbst ein kurzes Statement über den Ort, an dem Sie sich zu Hause fühlen.

Berlin

1 Aus welcher Zeit könnten die drei Ansichten des Potsdamer Platzes in Berlin stammen?
Was hat sich im Laufe der Zeit verändert? *1838, 1961, 1990's*

2 Ordnen Sie die Überschriften dem passenden Textabschnitt zu.

Ein ganz besonderer Platz

☐ Der Potsdamer Platz im Zentrum Berlins hat und hatte immer seine ganz eigene Atmosphäre, auch wenn sich von den Anfängen bis heute viel verändert hat. Bis zur Mitte des 19. Jahrhunderts stand hier das Stadttor in Richtung Potsdam, hier verlief auch die von Osten kommende Reichsstraße nach Köln.

A Zentrale Bedeutung bekam der Potsdamer Platz erst mit der Erbauung des Potsdamer Fernbahnhofs im Jahr 1838. Ein zweiter großer Bahnhof, der Anhalter Bahnhof, lag ganz in der Nähe und Anfang des 20. Jahrhunderts wurde der Platz an Berlins erste U-Bahn-Linie angeschlossen. Von da an entwickelte sich der Potsdamer Platz rasant: Zahlreiche Hotels, Gastronomie- und Amüsierbetriebe wurden eröffnet. Besonders beliebt war das Haus Vaterland, in den „Goldenen Zwanzigern" Deutschlands größter Amüsierpalast mit Cafés, Restaurants, Kinos und Varietés.

E Berühmt ist auch der 1924 errichtete Ampelturm am damals verkehrsreichsten Platz Europas. Mit der zunehmenden Motorisierung wuchs der Verkehr, vom Potsdamer Platz führten zwölf Hauptverkehrsstraßen in alle Teile der Stadt. Bei Tag und bei Nacht waren die Menschen hier unterwegs: Angestellte und Geschäftsleute, die in der Nähe arbeiteten, Touristen und Flaneure auf der Suche nach Unterhaltung.

D In der Zeit nach dem Zweiten Weltkrieg lag der Platz in Trümmern, zwischen den Ruinen blühte der Schwarzmarkt-Handel. Mit dem Bau der Mauer 1961 wurde der Platz vorerst endgültig zum „Niemandsland". Ein Neuaufbau der zerstörten Gebäude war nicht mehr attraktiv. Auf der Westberliner Seite belebten einige Imbissbuden und Souvenirläden neben den Aussichtspodesten für Touristen das ansonsten triste Bild.

B Nach dem Fall der Mauer 1989 stand das riesige, leere Gelände inmitten der vereinigten Stadt plötzlich wieder im Zentrum des Interesses. In den 1990er-Jahren wurde der Potsdamer Platz zur größten Baustelle Europas. Es entstanden Hochhäuser wie das Sony-Center und der Kollhoff-Tower, Kinos, gastronomische Betriebe, ein Einkaufszentrum usw. Neben Büro- und Geschäftsbauten finden sich auch Anlagen mit – teuren – Apartments.

F Kritiker finden das neue Hochhausquartier künstlich und steril, aber bei den Touristen ist das Viertel beliebt. Auf jeden Fall ist Leben zurückgekehrt an den Ort, der einst das pulsierende Herz der Hauptstadt war.

a) Ein neues Quartier entsteht *New district created*
b) Bahnhofs- und Amüsierviertel *light district*
c) Ein Tor am Stadtrand *Gate on outskirts*
d) Im Schatten der Mauer *Shadow*
e) Zentrum des Straßenverkehrs *road traffic*
f) Pro und Kontra

3 **Welche Angaben finden Sie interessant? Recherchieren Sie weitere Informationen und schreiben Sie Ihren persönlichen Berlin-Steckbrief.**

→ **TIPP** Im Lesebuch finden Sie Wissenswertes auf den Seiten *Moderne Geschichte* und *Berlin erleben*.

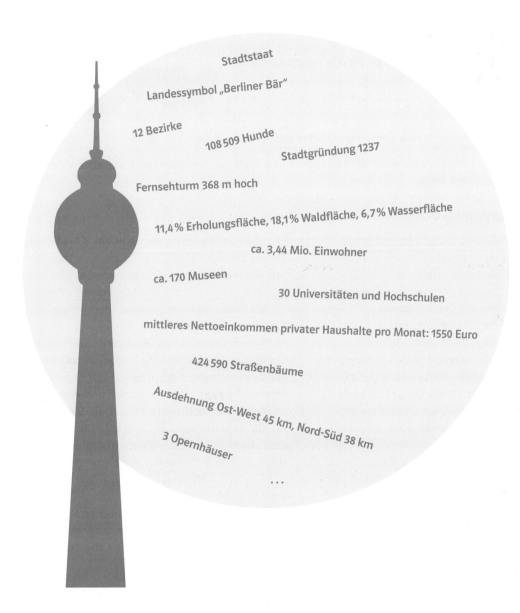

Stadtstaat

Landessymbol „Berliner Bär"

12 Bezirke

108 509 Hunde

Stadtgründung 1237

Fernsehturm 368 m hoch

11,4 % Erholungsfläche, 18,1 % Waldfläche, 6,7 % Wasserfläche

ca. 3,44 Mio. Einwohner

ca. 170 Museen

30 Universitäten und Hochschulen

mittleres Nettoeinkommen privater Haushalte pro Monat: 1550 Euro

424 590 Straßenbäume

Ausdehnung Ost-West 45 km, Nord-Süd 38 km

3 Opernhäuser

. . .

4 **a. Hören Sie den Text. In welcher Reihenfolge werden die folgenden Themen angesprochen?** ◉ 13

- ☒ Ausländische Arbeitnehmer bleiben und bauen sich Existenz auf.
- ☐ Die Hauptstadt gilt als Magnet für junge Kreative.
- ☒ „Multikulti" ist im städtischen Alltagsleben präsent.
- ☒ Berlin ist eingemauert und trotzdem weltoffen.
- ☒ Die BRD lässt die ersten „Gastarbeiter" kommen.

b. Hören Sie den Text noch einmal und kreuzen Sie an.

	richtig	falsch
1. Die ersten „Gastarbeiter" kamen 1955 aus Griechenland.	☒	☒
2. Die Ausländer, die in den 1960er- und 1970er-Jahren kamen, hatten Bleiberecht.	☐	☒
3. Die Präsenz der Westalliierten trug zur kulturellen Vielfalt bei.	☒	☐
4. Fast 75 % der Zuwanderer in Berlin kommen aus Ländern der EU.	☒	☐
5. Obwohl das Leben in Berlin sehr teuer ist, kommen viele junge Leute aus dem Ausland.	☐	☒

In Österreich

Land im Überblick

1 Was fällt Ihnen zu Österreich ein? Notieren Sie ihre Assoziationen.

Wintersport, Urlaubsland, ...

2 Lesen Sie den Text und setzen Sie die passenden Wörter aus der Auswahl ein.

an | sie | sehr | als | dass | können | ist | werden | wie | denen | Einwohner | Menschen | damit | wird | weil | viel | die

ÖSTERREICH IN ZAHLEN

In Österreich leben ca. 8,4 Mio. Menschen, das Durchschnittsalter beträgt 42,2 Jahre und die durchschnittliche Lebenserwartung 79 Jahre. .... in allen europäischen Industrieländern überleben die Österreicherinnen statistisch gesehen die Männer im Land um fast 6 Jahre. Experten rechnen aber .... , dass sich dieser Unterschied in den kommenden Jahrzehnten verringern wird. Auch was die Geburtenrate angeht, macht Österreich keine Ausnahme: der Wert liegt bei 1,4 Kindern pro Frau. Dennoch sagen die Prognosen, dass die Bevölkerung wachsen wird, bis zum Jahr 2030 auf 9 Millionen Einwohner. Das hat auch damit zu tun, ... weiterhin Menschen aus anderen Ländern nach Österreich kommen und so die Geburtendefizite ausgeglichen werden. Der Ausländeranteil beträgt mehr .... 10 Prozent. Unter den Zuwanderern aus EU-Ländern sind auch etwa 130 000 Deutsche. Bei den Herkunftsländern, die nicht zur EU gehören, stehen die ehemaligen jugoslawischen Staaten und die Türkei .... erster Stelle.

Von den .... mit Migrationshintergrund zählen viele schon zur zweiten oder dritten Generation.

98 Prozent der Bürger in Österreich sprechen die Staatssprache Deutsch. Die beiden wichtigsten Minderheitensprachen, ... vom österreichischen Staat anerkannt und geschützt werden, sind das Ungarische und das Slowenische. An dritter Stelle steht das Burgenlandkroatische: eine „kleine" Sprache, die auch in Regionen Ungarns und der Slowakei gesprochen wird.

.... ist nach Erhebungen der UNESCO vom Aussterben bedroht. Noch .... lebendig sind dagegen die zahlreichen Dialektformen des Deutschen, die auch für Besucher aus den anderen deutschsprachigen Ländern sehr fremd sein ....

3 **a. Kennen Sie den „Wiener Schmäh"? Schreiben Sie den Text richtig: Beachten Sie Groß- und Kleinschreibung und vergessen Sie die Satzzeichen nicht.**

DER BERÜHMTE „SCHMÄH"

SCHMÄHWIRDÜBERSETZTMITWITZKLEINELÜGESCHLAGFERTIGKEITVORTÄUSCHUNGEIGENTLICHISTDIESESÖSTER
REICHISCHEWORTABERNICHTÜBERSETZBARÄHNLICHWIEIMDEUTSCHENDASWORTGEMÜTLICHKEITWEILESEN
GMITDERLEBENSPHILOSOPHIEUNDMENTALITÄTDERÖSTERREICHERVERBUNDENISTDERSCHMÄHERLAUBTESDEN
ÖSTERREICHERNINSCHWIERIGENSITUATIONENGELASSENZUBLEIBENNACHDEMMOTTOHUMORISTWENNMAN
TROTZDEMLACHTDERSCHMÄHKANNABERAUCHFRECHZYNISCHODERSCHWARZDAHERKOMMENDANNZEIGTSICH
OBDERNICHTÖSTERREICHERGENÜGENDSCHMÄHHATUMDASLIEBENSWERTEAMSCHMÄHZUERKENNENVORAUSG
ESETZTERVERSTEHTÜBERHAUPTDENÖSTERREICHISCHENDIALEKTWASNICHTSOEINFACHISTGANZOHNESCHMÄH*

*ohne Schmäh = wirklich, ernst gemeint

b. Gibt es in Ihrer Muttersprache bzw. in Ihrem Dialekt auch Ausdrücke, die schwer zu übersetzen sind?

....
....
*1756 (Salzburg) – †1791 (Wien)

....
Bodybuilder, Schauspieler, Politiker
....

FALCO (JOHANN HÖLZEL)
....

BERTHA VON SUTTNER
....
....

4 Recherchieren Sie, wer die berühmten Österreicherinnen und Österreicher auf den Bildern sind und ergänzen Sie die Angaben zur Person. Wählen Sie eine Persönlichkeit aus und bereiten Sie in Gruppen einen Vortrag vor.

5 Lesen Sie den Text und ordnen Sie die Sätze passend ein.

Von Österreich in die Welt

In Österreich gibt es neben der traditionellen Volksmusik auch die „Neue Volksmusik". Eng verbunden mit der modernen Variante ist der Name Hubert von Goisern (*1952). Der bekannte Musiker heißt eigentlich Hubert Achleitner, sein Künstlername bezieht sich auf seinen Geburtsort Bad Goisern im Salzkammergut. ....

Später kamen andere Instrumente dazu – Gitarre, Akkordeon, Klavier – sowie das Jodeln*, das er erst mit 37 Jahren erlernte. Die Musikrichtung, die Hubert von Goisern kreiert, vermischt Elemente der alpinen Volksmusik mit modernen Elementen aus Rock-, Soul- und Jazzmusik. Gesungen wird im heimischen Dialekt. Er ließ sich von seinen Reisen inspirieren und sein „Alpenrock" entwickelte sich zur „Weltmusik". ....

Von 2007 bis 2009 reiste er mit Bandmitgliedern auf einem zum Konzertschiff umgebauten Transporter durch halb Europa: über die Donau zum Schwarzen Meer und auf dem Rhein bis zur Nordsee. .... Für das Publikum an Land gab es kostenlose Konzerte – auch im Vorbeifahren. Hubert von Goisern hat ein Buch über diese ungewöhnliche Reise geschrieben, in dem er von den menschlichen und musikalischen Begegnungen erzählt.

.... Dort sammelt er Kraft und Ideen für neue Projekte. Touristen, die nach Österreich kommen, empfiehlt er, sich viel Zeit zu lassen und einfach durch das Land treiben zu lassen, denn „Österreich ist toll". Seine Lieblingsplätze verrät er aber nicht, denn dann ist dort ja kein Platz mehr!

* Jodeln = Singen einzelner Silben mit schnellem Wechsel zwischen hohen und tiefen Tönen

(1) Überhaupt ist Hubert von Goisern ein Mensch, der viel und gerne unterwegs ist.
(2) Zwischen den Tourneen, wenn er Ruhe braucht, kehrt er zurück in seine Hütte in den Bergen.
(3) Hier begann der junge Hubert mit dem Trompetespielen.
(4) An den zahlreichen Stationen der Fahrt kamen Gastmusiker an Bord.

Regionales

1 **Ergänzen Sie die Namen der neun österreichischen Bundesländer.**

→ TIPP Informieren Sie sich im Lesebuch auf S. 61 oder im Internet.

B: *Burgenland*
K: *Kärnten*
NÖ: *Niederösterreich*
OÖ: *Oberösterreich*
S: *Salzburg*
STMK: *Steiermark*
T: *Tirol*
V: *Vorarlberg*
W: *Wien*

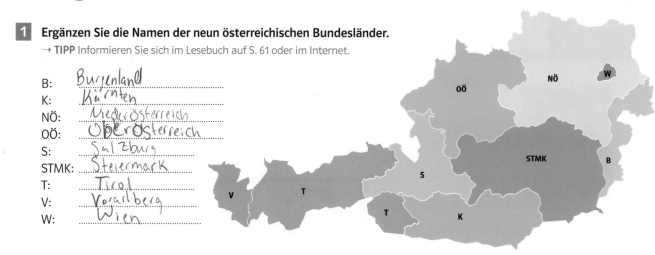

2 **a. Schauen Sie sich die Statistik an und ordnen Sie jedem Bundesland eine passende Aussage zu.**

Statistik regional

Obsternte 2009 (in Tonnen)	
B	12.383
K	1.549
NÖ	30.712
OÖ	11.514
S	10
STMK	203.693
T	2.482
V	1.031
W	808

über 100jährige Einwohner 2010	
B	25
K	70
NÖ	190
OÖ	122
S	58
STMK	140
T	93
V	46
W	296

Miss Austria-Titel seit 1985	
B	0
K	2
NÖ	2
OÖ	6
S	1
STMK	4
T	2
V	5
W	3

durchschnittliche Aufenthaltsdauer von Touristen 2009 (in Nächten)	
B	3,2
K	4,8
NÖ	2,8
OÖ	2,9
S	4,3
STMK	3,4
T	4,7
V	4,1
W	2,2

Haushalte mit Internetzugang 2009 (in Prozent)	
B	69
K	64
NÖ	69
OÖ	72
S	75
STMK	63
T	69
V	72
W	73

Wilderei 2006 (angezeigte Fälle)	
B	12
K	32
NÖ	93
OÖ	50
S	15
STMK	41
T	47
V	12
W	9

Steiermark · die zweitmeisten Miss Austria-Titel
Salzburg · die längste Aufenthaltsdauer von Touristen
Wien · die meisten Fälle von Wilderei
Tirol · die meisten Miss Austria-Titel
Kärnten · die wenigsten über 100jährigen Einwohner
Burgenland · die wenigsten Haushalte mit Internetzugang
Niederösterreich · die zweitlängste Aufenthaltsdauer von Touristen
Oberösterreich · die geringste Obsternte
Vorarlberg · die meisten über 100jährigen Einwohner

b. Wählen Sie ein Bundesland aus und schreiben Sie einen „Steckbrief". Verwenden Sie neben den statistischen Angaben auch die Informationen im Lesebuch (S. 78–87) und recherchieren Sie im Internet.

3 Lesen Sie den Text und suchen Sie zu jeder Lücke das passende Wort aus.

SUPERLATIVE REGIONAL

Österreich ist zwar kein großes Land, hat aber touristisch ....
in den verschiedenen Regionen große Vielfalt und rekordverdächtige
Attraktionen zu bieten. Auf dem Wildkogel, einem Berg im Bundesland
Salzburg, ... der Startpunkt für die „wahrscheinlich längste
Rodelbahn der Welt". Mit dem Rennrodel, Familienschlitten oder dem Snowbike
.... es auf der 14 km langen Strecke hinunter ins Tal. Je nach
Können und Art des Gefährts dauert die Fahrt zwischen 30 und 50 Minuten.
Weit hinunter und hinaus geht auch der Blick von der höchsten Aussichts-
terrasse, dem Dachstein Sky Walk in der Steiermark. Die Plattform klebt
oberhalb einer 250 Meter senkrecht .... Felswand und das
Bergpanorama reicht von Slowenien im Süden bis nach Tschechien im Norden.
Ein alljährlich .... Spektakel ist der „Weiße Rausch", ein Skirennen in
St. Anton im Bundesland Tirol. Ca. 500 wagemutige Teilnehmer ....
auf Skiern oder Snowboards von 2650 Metern Höhe ins Tal. Nach ungefähr 11 bis
18 Minuten .... sie das Ziel. Zum Abschluss der Veranstaltung gibt es
eine große Party für Sportler und Zuschauer.

Österreich ist auch als „wanderbares" Land bekannt.
Die längste begehbare Schlucht finden Wanderer in der
Oststeiermark, direkt an der Grenze zu Tschechien. Hier
hat sich der Fluss Raab auf 17 Kilometern tief in die Berge
.... und in dem engen Tal, einer so genannten
Klamm, ein Naturparadies mit kristallklarem Wasser und wild-
romantischer Kulisse ....
Hoch oben in den Bergen finden Bergsteiger und Wanderer
Unterkunft und Schutz in den Hütten des Alpenvereins. Das
älteste und bekannteste Schutzhaus in den Zillertaler Alpen in Tirol ist die Berliner
Hütte. Ursprünglich war das 1879 auf über 2000 m Höhe errichtete Haus sehr klein,
heute bietet das Gebäude mit den luxuriösen Anbauten Platz für über 180 Gäste.
Selbst das kleinste Bundesland in Österreich, das Burgenland, hat einen Eintrag in
der Superlativ-Liste. Der Neusiedler See, an dem Österreich 240 km² Anteil hat, ist
der größte im Lande. Er _ist_ an keiner Stelle tiefer als 1,8 m und ....
wegen seiner einzigartigen Flora und Fauna zum UNESCO-Welterbe.

(1) sehend
~~sehen~~
~~gesehen~~

(2) sich befinden
~~befindet sich~~
sich befindend

(3) ~~geht~~
gehend
gehst

(4) abgefallenen
abfallenden
~~abfällt~~

(5) stattgefundenes
~~findet statt~~
stattfindendes

(6) sich stürzend
~~stürzen sich~~
sich gestürzt

(7) erreichten
~~erreichen~~
~~erreicht~~

(8) einschneiden
~~einschneidet~~
eingeschnitten

(9) ~~geschaffen~~
~~geschafft~~
schaffen

(10) zählte
zählen
~~zählt~~

4 Regional genießen – die Initiative GENUSS REGION ÖSTERREICH soll ausgewählte regionaltypische Produkte
bekannter machen. Recherchieren Sie unter www.genuss-region.at und beantworten Sie folgende Fragen:

Wer ist Initiator des Projekts?
Wie viele Genuss-Regionen gibt es zurzeit?
Was sind die wichtigsten Kriterien für die Aufnahme in den Katalog der Genuss-Regionen?
Was sind Genuss-Pakete und was findet man darin?
Welche Region würden Sie für ein kulinarisches Wochenende auswählen? Warum?

Wien

1 **a. Wählen Sie für jede Wien-Tour eine passende Überschrift aus.**

(a) Auf den Spuren des roten Wien
(b) Riesenrad und modernes Tivoli
(c) Wien und seine Friedhöfe
(d) Geschichte(n) rund um den Grünen Prater
(e) Kaffee trinken und mehr: Wiener Kaffeehäuser
(f) Durch das Regierungsviertel
(g) Wie der Kaffee nach Wien kam
(h) Schauplätze eines Films – mit Harry Lime durch Wien
(i) Gräber, Grüfte, Sarkophage
(j) Die Wiener Kanalisation gestern und heute

Wien-Touren

Tour 1

Auf unserem Rundgang machen wir die Geschichte des Wiener Praters für Sie lebendig. Der Weg führt uns durch den „Grünen Prater" entlang der im 16. Jh. entstandenen Hauptallee mit ihren Kastanienbäumen. Im „Lusthaus", dem ehemaligen Jagdhaus des Kaisers Maximilian II., später Schauplatz des eleganten Lebens in Wien, befindet sich heute ein Café-Restaurant: Zeit für eine Kaffeepause. Mit einem Besuch im Pratermuseum, wo wir u. a. das Modell der Wiener Weltausstellung von 1873 besichtigen, schließen wir unsere Themenführung ab. Danach können Sie auf eigene Faust den Vergnügungspark, den so genannten Wurstlprater, erkunden und vielleicht eine Fahrt im berühmten Riesenrad wagen.

Termin / Treffpunkt: jeden Mittwoch 15 Uhr, U 1 Station Praterstern

Tour 2

Austromarxismus – mit diesem Begriff verbinden wir die Zeit von 1918 bis 1934, als in Wien die Sozialdemokratie regierte. Wir beginnen unsere Besichtigungstour am Parlamentsgebäude, genau dort, wo 1919 die Erste Republik ausgerufen wurde. Am Justizpalast erinnern wir uns an die gewaltsame Arbeiterdemonstration von 1927 und ihre blutigen Folgen. Und wir besichtigen den Karl-Marx-Hof im 19. Bezirk, prominentes Beispiel für die ab 1923 realisierten Projekte des kommunalen Wohnungsbaus. Mit den vielen Grünanlagen, Spielplätzen und Gemeinschaftseinrichtungen ist die weltweit einzigartige Anlage noch heute vorbildlich und sehenswert.

Termin / Treffpunkt: dienstags und donnerstags 10 Uhr, Parlamentsgebäude, Eingang Besucherzentrum

Tour 3

Unsere Tour durch vier Kirchen zu den Begräbnisstätten von Habsburgern, Bischöfen und Bürgern führt uns zuerst in die Gruft der Michaelerkirche mit ihren Mumien. Kaiser und Adlige ließen sich „nahe bei Gott" in den Kirchen und Kathedralen der Stadt beerdigen. Einige von ihnen haben ihre Überreste gar auf mehrere Hofkirchen verteilen lassen. In der Gruft von St. Stephan und in der Herzgruft der Augustinerkirche erfahren Sie mehr über diesen seltsamen Brauch. Zum Abschluss besichtigen wir die Kapuzinerkirche, wo Sie in der Kaisergruft u. a. die kostbaren Sarkophage von 12 Kaisern und 19 Kaiserinnen bewundern können.

Treffpunkt: vor der Michaelerkirche, aktuelle **Termine** finden Sie im Internet

Tour 4

Wer war Harry Lime? Viele Wienbesucher kennen natürlich den Namen des Bösewichts aus dem berühmten Film „Der dritte Mann" von Carol Reed, der im Wien der unmittelbaren Nachkriegszeit spielt. Wir spazieren auf den Spuren des Films durch die Gassen der Wiener Altstadt, besuchen die wichtigsten Drehorte und steigen hinab in die „Unterwelt" der Kanalisation, wo Harry nach einer spannenden Verfolgungsjagd seine gerechte Strafe findet. Für echte Fans bieten wir im Anschluss den Besuch einer Aufführung des Films (in englischer Originalfassung) im Burgkino an.

Termin / Treffpunkt: U-Bahn Station Stadtpark, jeden Dienstag 15.30 Uhr

Tour 5

„Wien ist eine Stadt, die um einige Kaffeehäuser herum errichtet ist, in welchen die Bevölkerung sitzt und Kaffee trinkt", hat Bertolt Brecht einmal gesagt. Auf unserem Spaziergang durch die Innenstadt lernen Sie die immer noch lebendige Kaffeehaus-Kultur kennen. Sie erfahren Interessantes über berühmte Häuser und ihre (prominenten) Besucher und über die Zeit der Wiener Kaffeehausliteratur. Wo die „Melange" am besten schmeckt, müssen Sie allerdings selbst herausfinden.

Treffpunkt: U-Bahn Station Schottentor, aktuelle **Termine** finden Sie im Internet

b. Ordnen Sie jedem Foto die passende Wien-Tour zu.

2 **a.** Hören Sie die Aussagen der fünf Personen zu ihrem Wien-Aufenthalt und kreuzen Sie an, wer sich wofür interessiert. ◎14

	Frau Schrader	Kerstin	Herr Heuser	Frau Bruder	Herr Paul
kulinarische Genüsse	—	—	—	X	—
Umgebung	X	—	—	—	—
kinderfreundliche Angebote	—	—	—	—	X
Nachtleben	—	X	—	—	—
klassische Musik	—	—	X	—	—

b. Hören Sie den Text noch einmal und entscheiden Sie, ob die Aussagen richtig oder falsch sind.

richtig falsch

1. Frau Schrader will sich in Wien nach interessanten Stadtführungen erkundigen. ☒ ☐ —)
2. Kerstin findet die „Lange Nacht der Museen" attraktiv. ☐ ☒
3. Herr Heuser nutzt die Vergünstigungen der Wien-Karte. ☒ ☐
4. Frau Bruder macht gerne Wochenend-Trips in interessante Städte. ☒ ☐
5. Herr Paul findet die Atmosphäre in Wien sehr gezwungen und wenig familienfreundlich. ☒ ☒ —│

3 **a.** In Wien gibt es auffallend viele Museen, darunter auch viel Kurioses. Schauen Sie sich die Liste an. Vermuten Sie, was es in diesen Museen zu sehen gibt, und recherchieren Sie anschließend.

- Museum für Beschirrung und Besattelung
- Bestattungsmuseum
- Brennpunkt – Museum der Heizkultur Wien
- Fälschermuseum
- Josephinum (Medizinische Universität Wien)
- Hofmobiliendepot
- Wiener Kriminalmuseum

Einige Herleitungen fehlen.

93/100

Korrektur gemacht, da relativ viele Fehler, gibt es heute zusätzliche Punkte!

b. Wählen Sie in Gruppen jeweils ein Museum aus und erarbeiten Sie eine kurze Besucherinfo.

In der Schweiz

Land im Überblick

1

a. Was verbinden Sie mit den Begriffen?

→ **TIPP** Informieren Sie sich im Lesebuch auf den Seiten 88–95.

- Banken
- Heidi
- Kanton
- direkte Demokratie
- Uhren
- Neutralität
- Volksabstimmung
- Eidgenossen
- Schokolade

Die Schweiz!

b. Was fällt Ihnen noch zur Schweiz ein? Ergänzen Sie weitere Begriffe und diskutieren Sie.

2

a. Sehen Sie sich die Liste der Schweizer Volksabstimmungen an. Worum ging es?

Das Volk entscheidet

Die Schweizer Bürger wählen nicht nur Abgeordnete in die verschiedenen Parlamente, sie haben auch die Möglichkeit darüber abzustimmen, ob sie mit Beschlüssen und Gesetzen einverstanden sind (Referendum). Außerdem können sie selber aktiv werden und durch so genannte Volksinitiativen Änderungen vorschlagen und versuchen, ihre Alternativen durchzusetzen. Mehr als 60 % aller Referendumsvorlagen, aber nur jede zehnte Initiative werden angenommen. Die Schweizerinnen und Schweizer stimmen etwa viermal pro Jahr über verschiedene regionale und nationale Themen ab. Die durchschnittliche Wahlbeteiligung liegt bei 40 %.

Datum	Titel	Ergebnis	Typ*	Beteiligung	Ja-Stimmen
26.11.1989	Für eine Schweiz ohne Armee und eine umfassende Friedenspolitik	abgelehnt	I	69,2%	35,6%
04.03.2001	„Ja zu Europa"	abgelehnt	I	55,8%	23,2%
03.03.2002	Für den Beitritt zur UNO	angenommen	I	58,4%	54,6%
18.05.2003	Strom ohne Atom – für eine Energiewende und die schrittweise Stilllegung der Atomkraftwerke	abgelehnt	I	49,7%	33,7%
05.06.2005	Bundesgesetz über die eingetragene Partnerschaft gleichgeschlechtlicher Paare	angenommen	F	56,6%	58,0%
29.11.2009	Gegen den Bau von Minaretten	angenommen	I	53,8%	57,5%
07.03.2010	Verfassungsartikel über die Forschung am Menschen	angenommen	O	45,5%	77,2%
07.03.2010	Gegen Tierquälerei und für einen besseren Rechtsschutz der Tiere	abgelehnt	I	45,8%	29,5%

*I = Volksinitiative   O = obligatorische Abstimmung   F = fakultative Abstimmung

b. Diskutieren Sie die Vor- und Nachteile der direkten Demokratie in der Schweiz.

Sie stimmen durch die Anhebung der Hand

3 **Was möchten Sie in der Politik verändern oder erneuern? Erarbeiten Sie in Arbeitsgruppen Vorschläge und stimmen Sie im Kurs ab.**

4 **a. Lesen Sie den Text und entscheiden Sie, ob die Aussagen unten richtig oder falsch sind.**

Peter Bichsel
Des Schweizers
Schweiz

Suhrkamp

Die Schweiz als Heimat
In dem Text ‚Des Schweizers Schweiz' schreibt der Autor Peter Bichsel (geb. 1935 in Luzern) über sein Verhältnis zu seinem Heimatland und seinen Landsleuten.

[...]

Ich lebe in diesem Land.

Es läßt sich in diesem Land leben. Ich bin hier geboren. Ich bin hier aufgewachsen. Ich verstehe die Sprache dieser Gegend. Ich weiß, was ein Männerchor ist, was eine Dorfmusik ist, ein Familienabend einer Partei. Ich bilde mir ein, hier leidenschaftliche Briefmarkensammler auf der Straße an ihrem Gehaben erkennen zu können. Nur hier kann ich mit Sicherheit Schüchterne von Weltgewandten unterscheiden.

Ich fühle mich hier zu Hause. Auch mir fällt es schwer, mir vorzustellen, daß sich jemand so zu Hause fühlen kann wie ein Schweizer in der Schweiz.

Ich leide unter Heimweh, aber es ist bestimmt nicht Heimweh nach der Schweiz, nur Heimweh nach dem Bekannten.

Die Schweiz ist mir bekannt. Das macht sie mir angenehm. Hier kenne ich die Organisation. Hier kann ich etwas durchschauen. Ich weiß, wie viel hier die Dinge ungefähr kosten, und ich brauche das Geld, mit dem ich bezahle, nicht umzurechnen.

Ich fühle mich hier sicher, weil ich einordnen kann, was hier geschieht. Hier kann ich unterscheiden zwischen der Regel und dem Außerordentlichen. Sehr wahrscheinlich bedeutet das Heimat. Daß ich sie liebe, überrascht mich nicht. [...]

Ich habe das Recht, hier zu bleiben. Das ist mir viel wert. Es macht mir auch Spaß, und ich werde bleiben, dem Satze zum Trotz: „Du kannst ja gehen, wenn es dir hier nicht paßt."

Doch möchte ich hier leben dürfen, ohne ständig begeistert sein zu müssen. Ich bin nicht als Tourist hier. Ich gestatte mir, unsere Sehenswürdigkeiten nicht zu bestaunen. Ich gestatte mir, an einem Föhntag* das Alpenpanorama zu ignorieren. Ich gestatte mir, die holländische Landschaft schön zu finden. Ich weiß nicht genau, was ein Holländer meint, wenn er sagt: „Die Schweiz ist schön."

Wir haben in dieser Gegend sehr viel Nebel, und ich leide unter dem Föhn. Der Jura** und die Alpen machen mir vor allem ein schlechtes Gewissen, weil ich immer das Gefühl habe, ich müßte sie besteigen und es doch immer wieder seinlasse. Ich habe mit nichts so viel Ärger wie mit der Schweiz und mit Schweizern.

Was mich freut, was mich ärgert, was mir Mühe und was mir Spaß macht, was mich beschäftigt, hat fast ausschließlich mit der Schweiz und den Schweizern zu tun. Das meine ich, wenn ich sage: „Ich bin Schweizer." [...]

Quelle: Peter Bichsel: Des Schweizers Schweiz. Aufsätze.
© Suhrkamp Verlag Frankfurt, 1997

*Föhn = warmer, trockener Fallwind; **Jura = Bezeichnung für ein Gebirge

	richtig	falsch
1. Der Autor kennt alle Organisationen in der Schweiz.	☒	☐
2. Die einheimische Währung und die Preise sind ihm vertraut.	☐	☒
3. Er hat als Schweizer Bürger Aufenthaltsrecht.	☒	☐
4. Peter Bichsel sagt: „Die Schweiz ist schön."	☒	☐
5. Nicht alles in der Schweiz gefällt oder passt ihm.	☐	☒

b. Wie wirkt der Textauszug auf Sie? Was glauben Sie – welches Verhältnis hat Peter Bichsel zur Schweiz? Diskutieren Sie.

5 **Was bedeutet Heimat für Sie? Was freut und ärgert Sie im Zusammenhang mit Ihrem Land und Ihren Landsleuten? Diskutieren Sie in der Gruppe.**

Regionales

1 **a. Ergänzen Sie für jede Region die passende Zahl aus der Karte.**

Zürich .... Espace Mittelland ....
Genferseeregion .... Ostschweiz ....
Zentralschweiz .... Nordwestschweiz ....
Tessin ....

b. Informieren Sie sich in Gruppen über jeweils eine Großregion und präsentieren Sie Ihre Ergebnisse. Gehen Sie dabei auf folgende Punkte ein: Kantone, große Städte, Amtssprachen, Landschaften, Nachbarländer etc.

2 **a. Hören Sie die Aussagen der fünf Personen und ordnen Sie den Wohnort zu.** ⑱ 15

	Frau Becker	Frau Pelichet	Herr Meinart	Frau Reidt	Herr Leitner
Basel					
Bern					
Genf					
Lausanne					
Zürich					

b. Hören Sie den Text ein zweites Mal und entscheiden Sie, ob die Personen sinngemäß folgende Aussagen getroffen haben.

	richtig	falsch
1. Frau Becker: „Meine Stadt gehört zu den zehn lebenswertesten Städten weltweit."	☐	☐
2. Frau Pelichet: „Mein Arbeitsplatz liegt direkt am Seeufer."	☐	☐
3. Herr Meinart: „Das Stadtwappen zeigt einen Bären."	☐	☐
4. Frau Reidt: „Ich bin hierher gekommen, weil die Stadt ideal zum Studieren ist."	☐	☐
5. Herr Leitner: „Hier trainieren viele Sportler für Olympia."	☐	☐

3 a. Ordnen Sie jedem Foto den passenden Text zu.

UNESCO-Welterbe

1 Erst seit 2008 gehört die Tektonikarena Sardona im Osten der Schweiz zum Weltnaturerbe. Das über 300 km² große Gebiet ist nicht nur ein interessantes Forschungsobjekt für Geologen, auch „normale" Besucher können auf Wanderungen Wissenswertes über die Plattentektonik erfahren. Die deutlich erkennbare, ca. 35 km lange Felslinie zeigt, wo sich die Gesteinsmassen vor Millionen von Jahren übereinander schoben.

2 Das Jungfrau-Aletsch-Gebiet im Herzen der Schweizer Alpen liegt in den Kantonen Bern und Wallis. Die spektakuläre Hochgebirgslandschaft zeigt nicht nur die Entstehung der Berge und Gletscher, sie dokumentiert auch den globalen Klimawandel. Die Eisschicht des Aletschgletschers wird von Jahr zu Jahr dünner.

3 In der Ostschweiz, in der Bodenseeregion, liegt das berühmte Ensemble des Stiftbezirks St. Gallen. Beeindruckend sind außer der barocken Architektur der Klosterkirche, der Stiftsbibliothek und dem Stiftsarchiv die wertvollen Handschriften und Bücher. Über die Jahrhunderte haben hier die Mönche „Schätze des Wissens" und Zeugnisse der abendländischen Kultur gesammelt.

4 Die Stadt Bellinzona im Tessin war aufgrund ihrer Lage „Schlüssel und Tor zu Italien", von dort aus konnte der Handel und Verkehr über die Alpenpässe kontrolliert werden. An den drei Burgen mit ihren Festungsmauern lässt sich die Geschichte der Stadt bis heute ablesen. Die imposanten Bauwerke gehören seit 2000 zum Welterbe. Heute befinden sich innerhalb der Mauern Restaurants, Museen, Ausstellungs- und Veranstaltungsräume.

b. Informieren Sie sich im Internet (z. B. unter www.welterbe.ch) über die anderen Welterbe-Standorte in der Schweiz und schreiben Sie einen kurzen Bericht.

Bern

1 Lesen Sie den Text und ordnen sie den Erklärungen den passenden Architektur-Begriff zu.

Die Berner Altstadt

Auch 800 Jahre nach Gründung der Stadt ist die Vergangenheit in Bern lebendig und sichtbar geblieben. Typisch für die Berner Altstadt sind die zahlreichen <u>Gassen</u> mit dem alten <u>Pflaster</u>. An ihren Seiten ziehen sich <u>Lauben</u> – insgesamt 6 Kilometer – entlang, in denen die Kaufleute früher ihre Läden und Geschäfte hatten. Auch heute kann man dort einkaufen oder sich bei einem Kaffee vor Regen und Sonne geschützt vom Shoppen erholen. Die <u>Fassaden</u> der Häuser in den Gassen stammen aus verschiedenen Epochen, viele sind aus Sandstein und im Barockstil gebaut. In den geräumigen <u>Kellern</u> unterhalb der Häuserreihen mit ihren imposanten <u>Gewölben</u> findet man heute Boutiquen, Bars und kleine Lokale.

Ursprünglich wurde Bern als <u>Festung</u> mit stabilen Mauern, Türmen, Stadttoren und <u>Gräben</u> errichtet. Das bekannteste Wahrzeichen der Berner Altstadt ist das Figurenspiel der astronomischen Uhr am Zytglogge*-<u>Turm</u>. Der Turm des Berner <u>Münsters</u> ist mit 100 Metern der höchste Kirchturm in der Schweiz. Seit 1983 gehört die Altstadt von Bern zum UNESCO-Weltkulturerbe und die vielen <u>Baudenkmäler</u> werden geschützt und gepflegt.

*Zytglogge (Schweizerdeutsch) = Zeitglocke

.... = zur Seite hin offener, überdachter Gang an einem Gebäude, oft mit Arkaden
.... = Belag zur Befestigung von Wegen und Straßen, aus Steinen, Asphalt oder Beton
.... = sehr hohes, aber schmales Bauwerk
.... = nach oben runde, oft gemauerte Decke
.... = die Seite eines Gebäudes, die zur Straße zeigt (früher oft besonders schmuckvoll)
.... = ein großes Kirchengebäude
.... = kleine, enge Straße, oft gepflastert
.... = lange, künstlich angelegte Vertiefung, führt oft Wasser
.... = Gebäudeteil, der sich unterhalb der Erdoberfläche befindet
.... = kunsthistorisch bedeutendes Bauwerk, das erhalten werden soll
.... = Bau, der durch besondere Anlagen gesichert ist und gut verteidigt werden kann

2 **a. 95 % der Berner wohnen gern oder sehr gern in ihrer Stadt. Schreiben Sie einen Textkommentar zu den Ergebnissen der Einwohner-Befragung.**

> **Redemittel**
>
> Die Bernerinnen und Berner bewerten in erster Linie ... als positiv.
> ... Prozent der Befragten schätzen ...
> Die Bürgerinnen und Bürger finden auch ... gut.

b. Führen Sie im Kurs eine Umfrage zu den positiven Aspekten der Heimatstädte der Teilnehmenden durch. Fassen Sie die Ergebnisse in einer Grafik zusammen und halten Sie anschließend einen kurzen Vortrag.

Was ist Ihrer Meinung nach positiv in Bern?	
Angebot und Infrastruktur	**54.92**
Öffentlicher Verkehr	14.9
Kulturelles Angebot	10.7
Einkaufsmöglichkeiten	8.3
Infrastruktur allgemein	6.4
Naherholungsgebiete	4.6
Alles funktioniert	3.5
Lebensgefühl und Umfeld	**87.52**
Schöne Stadt	36.1
Überschaubare Größe	30.8
Lebensqualität allgemein	21.7
Stimmung / Klima	20.7
Grüne Stadt	18.4
Internationalität / Zentralität	5.9

3 **a. Studieren Sie das Plakat des 4. Kultursommers in Bern. Ordnen Sie die folgenden Beschreibungen den Veranstaltungen zu. Für zwei Texte gibt es keinen passenden Programmpunkt.**

a. Die Veranstaltungen finden auf dem Gelände des Freibades an der Aare statt. Von ihren (Liege)Stühlen aus haben die Zuschauer nicht nur gute Sicht auf die große Filmleinwand, sondern auch auf die einzigartige Kulisse der Altstadt im Hintergrund.

b. Musik, Artistik, Comedy, Theater für Große und Kleine – und alles findet auf der Straße statt: Auf 30 Plätzen und in 300 Shows wird Kleinkunst live präsentiert. Die hat Tradition in Bern ebenso wie das „Hutgeld", das die Künstler statt einer festen Gage von den Zuschauern erhalten.

c. Dieses Angebot richtet sich an alle Comedy-Freunde. Im Marzili-Quartier der Stadt Bern können sie am ersten Juli-Wochenende auf mehreren Theaterbühnen verrückte Komödianten und alle Spielarten des britischen Humors erleben.

d. Die Gratis-Openair-Konzerte sind Teil des Berner Kultursommers und immer gut besucht. Auf dem Rathausplatz kommen besonders Anhänger von Jazz und verwandten Musikrichtungen auf ihre Kosten.

e. Das kleine Festival mit elektrischer Gitarrenmusik vom Feinsten und dem einmaligen Blick auf das Marzili-Bad an der Aare und die Berner Alpen darf man einfach nicht verpassen. Vor allem noch nicht so bekannte Musiker spielen hier von mittags bis abends umsonst, mit viel Kontakt zum Publikum und garantiert ohne Starallüren!

f. Das musikalische Angebot ist vielfältig: von Rock- über Pop- zur Volksmusik, der Eintritt frei und der Veranstaltungsort, die Kleine Schanze, nur drei Minuten vom Bahnhof entfernt. Die Konzerte finden bei jeder Witterung pünktlich jeden Freitag zur „glücklichen Stunde" (19 Uhr) statt.

g. Philharmonische Klänge auf dem Bundesplatz bilden wie jedes Jahr den „krönenden" Abschluss des Berner Kultursommers. Diesmal überraschen die Musiker mit berühmten Soundtracks der Filmgeschichte – vom Melodram bis zum Blockbuster aus Hollywood.

h. Für Liebhaber klassischer Gitarrenmusik gibt es wieder an jedem Wochenende im Juli kleine, aber feine Konzerte im Musikpavillon. Beginn ist um 20 Uhr: für alle, die etwas ruhiger und besinnlicher in den Feierabend starten wollen.

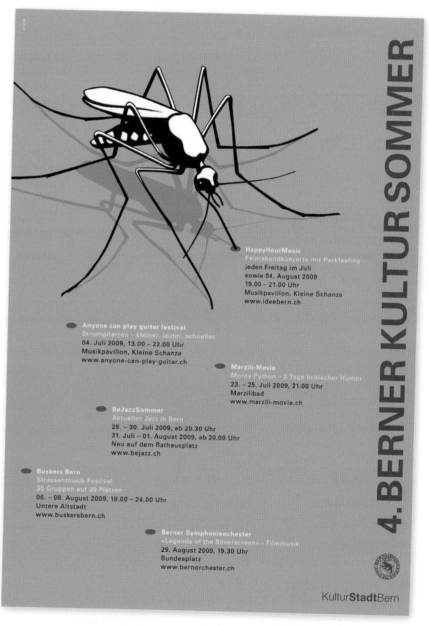

b. Informieren Sie sich im Internet unter www.bern.ch über das aktuelle Veranstaltungsprogramm in der Stadt. Was würde Sie interessieren? Stellen Sie ein Angebot im Kurs vor.

D-A-CH: Zahlen und Fakten

	Deutschland	Österreich	Schweiz
Geografische Lage	6° – 15° Ost / 47° – 55° Nord	9,5° – 17°Ost / 46,5° – 49°Nord	6° – 11°Ost / 46° – 48°Nord
Nachbarländer	Belgien, Dänemark, Frankreich, Luxemburg, Niederlande, Österreich, Polen, Schweiz, Tschechien	Deutschland, Italien, Liechtenstein, Schweiz, Slowakei, Slowenien, Tschechien, Ungarn	Deutschland, Frankreich, Italien, Liechtenstein, Österreich
Landesfläche in km²	357 112	83 870	41 285
Hauptstadt (mit Einwohnerzahl 2009)	Berlin (3 442 675)	Wien (1 687 271)	Bundesstadt Bern (123 466)
Einwohnerzahl 2009 (in Mio.)	81,8	8,38	7,79
Bevölkerungsdichte (Einwohner pro km²)	231	99	189
Geburtenrate 2009	1,38	1,41	1,48
	31,0 % katholisch 30,8 % protestantisch 3,9 % muslimisch 1,8 % andere 32,5 % keine	73,6 % katholisch 4,7 % protestantisch 4,2 % muslimisch 3,5 % andere 12,0 % keine	41,8 % katholisch 35,2 % protestantisch 4,3 % muslimisch 2,5 % andere 11,1 % keine
Staatsgründung	Deutsches Reich: 18.1.1871 Bundesrepublik: 23.5.1949 Deutsche Demokratische Republik: 7.10.1949 Vereintes Deutschland: 3.10.1990	1. Republik: 12.11.1918 2. Republik: 1945, souverän seit 27.7.1955	Moderner Bundesstaat: 12.9.1848
Staatsform	Demokratisch-parlamentarische Bundesrepublik	Bundesstaat; demokratisch-parlamentarische Republik	Parlamentarischer Bundesstaat
Nationalfeiertag	3. Oktober	26. Oktober	1. August
Flagge	Schwarz-Rot-Gold	Rot-Weiß-Rot	Weißes Kreuz auf rotem Grund
Amtssprache(n)	Deutsch	Deutsch regionale Amtssprachen: Burgenlandkroatisch, Slowenisch, Ungarisch	Deutsch, Französisch, Italienisch, Rätoromanisch
Währung	1 Euro = 100 Cent	1 Euro = 100 Cent	1 Schweizer Franken = 100 Rappen
BIP je Einwohner 2009	40 875 US-Dollar	45 989 US-Dollar	67 560 US-Dollar
Größte Städte (mit Einwohnerzahlen 2009)	Berlin (3 442 675) Hamburg (1 774 224) München (1 330 440)	Wien (1 687 271) Graz (253 994) Linz (189 122)	Zürich (382 906) Genf (189 912) Basel (164 448)
Höchster Berg	Zugspitze (2962 m)	Großglockner (3798 m)	Dufourspitze (4634 m)
Längste Flüsse	Rhein, Elbe, Donau	Donau, Inn, Drau	Rhein, Aare, Rhone
Größte Seen	Bodensee, Müritz, Chiemsee	Neusiedlersee, Attersee, Traunsee	Genfersee, Neuenburger See, Bodensee
Regierungschef 2010	Angela Merkel	Werner Faymann	Bundesrat als kollektives Staatsoberhaupt
Parteien in der Regierung 2010	CDU / CSU und FDP (Koalition)	ÖVP und SPÖ (große Koalition)	SVP, SP, FDP, CVP
Zahl der Abgeordneten 2010	622 (Bundestag)	183 (Nationalrat)	246 (Bundesversammlung)

Transkription der Hörtexte

◎ 1

Claudia: Ich war ein Jahr als Erasmus-Austausch-Studentin in Paris, dort habe ich junge Leute aus den verschiedensten Nationen und Kulturen kennen gelernt, das war total spannend. Ich finde, auch innerhalb Europas können wir viel von der Lebensweise und Mentalität unserer Nachbarn lernen. Ich studiere Jura und schreibe jetzt an der Uni Potsdam meine Abschlussarbeit über Europarecht. Es fasziniert mich, wie die unterschiedlichen Staaten versuchen, ein einheitliches Rechtssystem zu schaffen. Wer weiß, vielleicht ist mein zukünftiger Arbeitsplatz ja in Brüssel oder Luxemburg.

Frau Wentker: Meiner Meinung nach ist die EU wichtig, weil die Mitgliedsländer gemeinsam Probleme angehen, die sie allein nicht lösen könnten, zum Beispiel im Bereich Klima- und Umweltschutz. Da gibt es schon viele vernünftige Gesetze, aber auch sehr viel Bürokratie, das sehe ich als großen Nachteil: die vielen Kommissionen und Institutionen und dazu die vielen verschiedenen Sprachen. Da wird bestimmt viel Zeit und Geld verschwendet. Aber insgesamt finde ich die europäische Einigung richtig und gut.

Herr Herrmann: Ich kaufe und verkaufe viel über das Internet, da ist ein starker Euro vorteilhaft. In England zum Beispiel ist das Pfund schwach, da muss man keine Steuern oder Zollgebühren bezahlen und kann gute Geschäfte machen. Auch im Urlaub ist es praktisch, dass man in so vielen europäischen Ländern mit dem Euro bezahlen kann. Und dass es keine Grenzkontrollen mehr gibt, finden wir ja schon selbstverständlich.

Frau Schmidt: Ehrlich gesagt ist mir Europa zu weit weg, ich interessiere mich sowieso nicht sehr für Politik, da konzentriere ich mich lieber auf das, was in meinem Land passiert. Mir ist schon klar, dass Gesetze, die im EU-Parlament beschlossen werden, auch mein Land und mich betreffen. Aber da müssten die Medien und die Politiker besser informieren und vermitteln. So richtig weiß doch keiner, was da in Straßburg oder Brüssel passiert. Ich höre und lese ganz oft, dass es Streit gibt, vor allem, wenn es um Geld geht und wie es verteilt werden soll.

Herr Endler: Ich finde es wichtig, dass jedes Land in der EU seine eigene Kultur behält und trotzdem so etwas wie eine europäische Identität entsteht. Für mich hat der europäische Gedanke viel mit Demokratie, mit Freiheit und Bürgerrechten zu tun. Europa sollte nicht nur wirtschaftlich stark sein, sondern auch politisch. Und dass wir so lange Frieden in Europa haben, das hätte sich nach den beiden Weltkriegen doch kein Mensch vorstellen können. Ich hoffe, die EU ist auch in Zukunft ein Garant dafür, dass es so bleibt.

◎ 2

Dialog in drei dialektalen Varianten: Sächsisch, Schweizerdeutsch und Schwäbisch

◎ 3

Radiomoderator: Weihnachten ist in den deutschsprachigen Ländern noch immer das Familienfest. In einigen Familien haben sich alte Traditionen erhalten, in einigen feiert man ganz individuell. Für manche Menschen ist der christliche Ursprung des Festes wichtig, andere genießen einfach das Zusammensein im Familienkreis. Wir fragen heute vier Personen, wie, wo und mit wem sie Weihnachten feiern.
Unser erster Gast ist Anna. Anna, wie verbringst du denn Weihnachten?

Anna: In unserer Familie wird Weihnachten sehr traditionell gefeiert, ich glaube, auch meine Eltern haben als Kinder schon so gefeiert. Am Vormittag von Heilig Abend schmücke ich mit meinen Geschwistern den Weihnachtsbaum, mit roten Kugeln und Lametta. Vor der Bescherung sagen dann alle Kinder ein Gedicht auf oder singen ein Lied. Und nach dem Essen singen wir alle zusammen Weihnachtslieder und meine Tante spielt Klavier dazu.

Radiomoderator: Frau Zimmermann, Sie kommen aus Zürich, wie verbringen Sie die Feiertage?

Frau Zimmermann: Also bei uns ist es am Heiligen Abend meist stressig. Mein Mann und ich müssen bis mittags arbeiten, den Baum schmücke ich deshalb schon am Abend vorher. Zu essen gibt's Fleischfondue, da muss man nicht so viel vorbereiten. Nach dem Geschenkeauspacken gehen wir in die Kirche. Mir gefällt es, wenn dort alles so friedlich und festlich ist und wenn alle zusammen die Weihnachtslieder singen. Dann ist der Stress vergessen und die Weihnachtszeit kann anfangen.

Radiomoderator: Herr Funke, sind Sie zu Weihnachten bei Ihrer Familie oder feiern Sie mit Freunden?

Herr Funke: Obwohl ich jetzt studiere und nicht mehr zu Hause wohne, verbringe ich den Heiligen Abend jedes Jahr bei meinen Eltern. Wir feiern dann meist nur zu dritt, ganz ruhig und besinnlich. Aber am ersten Feiertag kommen dann meine Geschwister mit ihren Kindern und noch andere Verwandte zu uns. Dann sind wir eigentlich den ganzen Tag mit Essen beschäftigt, meine Mutter brät eine riesige Weihnachtsgans. Die Kinder spielen mit ihren neuen Sachen und am Nachmittag machen wir einen Spaziergang durchs Dorf und wünschen auch den Nachbarn „Frohe Weihnachten."

Radiomoderator: Zuletzt möchte ich noch ganz herzlich unseren Gast aus Leipzig begrüßen. Frau Schneider, was machen Sie zu Weihnachten?

Frau Schneider: Den Heiligen Abend verbringe ich allein, mein Mann ist vor drei Jahren gestorben. Aber trotzdem hole ich mir immer einen kleinen Tannenbaum und schmücke ihn schön. Früher hat das immer mein Mann gemacht. Zu essen mache ich mir nur eine Kleinigkeit und dann höre ich im Radio Weihnachtsmusik oder sehe mir im Fernsehen einen schönen Film an. Und natürlich telefoniere ich auch mit meinen Kindern und den Enkeln. Die Christmette beginnt immer so spät, deshalb gehe ich lieber am ersten Weihnachtsfeiertag zum Gottesdienst. Und dann bin ich immer zum Gansessen bei meiner Schwester und ihrer Familie eingeladen.

◎ 4

Radiomoderator: Sage mir, wie du wohnst, und ich sage dir, wer du bist. Etwas Wahres ist bestimmt dran, denn jeder möchte sich wohl fühlen in seinen vier Wänden und dazu gehört auch, dass man sich individuell, nach dem persönlichen Geschmack einrichtet. Die Größe der Wohnung und der Inhalt des Geldbeutels setzen Grenzen und natürlich gibt es in Zeiten riesiger Möbelhaus-Ketten in den meisten Wohnzimmern Vergleichbares zu sehen; aber auf den zweiten Blick lässt sich oft erkennen, dass unser Charakter, unsere persönlichen Vorlieben und Abneigungen auch darin zum Ausdruck kommen, wie wir wohnen und uns einrichten.
Frau Hamann, wie und wo wohnen Sie?

Frau Hamann: Mein Mann und ich wohnen schon seit über 30 Jahren in diesem Mehrfamilienhaus. Nachdem die Kinder ausgezogen waren, hatten wir Glück und konnten eine kleinere Wohnung im Erdgeschoss mieten. Früher wohnten wir im dritten Stock, aber ich bin nicht mehr so gut zu Fuß und einen Aufzug haben wir leider nicht im Haus. Von unserer bescheidenen Rente hätten wir uns die große Wohnung sowieso nicht mehr leisten können. Zum Glück haben wir auch fast alle Möbel untergebracht, irgendwie hängt man ja an den alten Stücken, sogar für die große Schrankwand war im neuen Wohnzimmer genügend Platz. Ich hätte ja gerne eine neue Sitzgarnitur gekauft, am liebsten so eine Sitzlandschaft um die Ecke, wie man sie heute hat. Wenn die ganze Familie zu Besuch ist, haben wir nie für alle Plätze, wir stellen dann noch Stühle dazu und die Enkelkinder hocken meistens auf dem Boden. Aber mein Mann sagt: „Lass mal, die alten Sachen tun's doch noch und gemütlich sind sie auch." Das finde ich auch, aber vielleicht sollten wir einfach mal zusammen in das neue Möbelhaus bei unserer Tochter fahren, die haben schöne Sachen und gar nicht so teuer …

Radiomoderator: Herr Schindler, ich dachte immer, in WGs herrscht das Chaos! Bei Ihnen dagegen ist es ja sehr aufgeräumt.

Herr Schindler: Es stimmt, ich hab's gerne ordentlich. Ich glaube, das sieht man gleich, wenn man in mein Zimmer kommt. Ich schreibe zurzeit an meiner Doktorarbeit, da könnte ich Chaos um mich herum überhaupt nicht gebrauchen. Wir sind vier Studenten in unserer Wohngemeinschaft und bei jedem sieht's anders aus. Die Zimmer sind total unterschiedlich eingerichtet. Mein Zimmer ist schön groß und ich habe genug Platz für meine Bücher und zum Arbeiten. Wenn wir abends zusammen essen oder Besuch haben, halten wir uns sowieso meistens in der großen Wohnküche auf. Wenn wir eine Party feiern, findet auch immer alles in der Küche statt. Natürlich gibt es manchmal Diskussionen über Ordnung und Sauberkeit in den Räumen, die wir gemeinsam nutzen. Ich kann es zum Beispiel nicht leiden, wenn sich Berge von schmutzigem Geschirr in der Küche stapeln. Deshalb habe ich vorgeschlagen, dass wir zusammen eine Geschirrspülmaschine anschaffen, das wäre wirklich eine große Erleichterung.

Radiomoderator: Und Sie, Frau Voss, wie wohnen Sie mit Ihrer jungen Familie?

Frau Voss: Viel Platz haben wir ja nicht, besonders im Wohnzimmer. Die Wohnung ist insgesamt zu klein, mein Mann und ich sind schon als Studenten zusammengezogen, seitdem leben wir hier zur Miete. Eigentlich hatten wir nur ein Kind geplant, aber dann kam das zweite gleich hinterher. Wir sind jetzt sehr froh darüber, aber manchmal wünschte ich mir doch ein zusätzliches Zimmer oder besser gleich zwei. Dann hätte jedes Kind ein eigenes Zimmer und mein Mann und ich könnten uns ein extra Arbeitszimmer einrichten. So steht der Schreibtisch im Wohnzimmer, die Bücher nehmen auch viel Platz weg und wenn die Kinder auch noch ihre Spielsachen überall verteilen, ist das der reinste Hindernisparcours. Mal sehen, vielleicht finden wir demnächst ja eine größere Wohnung, die nicht zu teuer ist. Allerdings haben wir hier so nette und hilfsbereite Nachbarn. Wenn die Kinder laut herumtoben, stört das niemanden … Ach, das Thema ist wirklich schwierig!

◎ 5

Radiomoderator: Hallo liebe Zuhörer und Zuhörerinnen und herzlich willkommen zu unserer Sendereihe „Bildung und Beruf". Am heutigen Abend lautet das Thema „Fit für den Job – Was bringen Ausbildungsmessen?" Mein Name ist Thomas Behrendt und ich habe auch heute zwei Gesprächspartner zu Gast im Studio. Es sind Frau Jutta Dittmann, 19 Jahre alt und seit einem Jahr in der Ausbildung zur Verwaltungsfachangestellten …

Frau Dittmann: Hallo.

Radiomoderator: … und Herr Günther Grünwald als Vertreter der Industrie- und Handelskammer. Er ist in der Abteilung Öffentlichkeitsarbeit beschäftigt.

Herr Grünwald: Guten Abend.

Radiomoderator: In den letzten Jahren schießen Ausbildungsmessen in größeren und kleineren Städten unserer Republik ja geradezu wie Pilze aus dem Boden. Ob in riesigen Hallen oder auch mal in der Aula einer Schule: Überall nutzen interessierte Jugendliche und Firmen diese Form der Veranstaltung, um sich zu informieren und zu präsentieren. Herr Grünwald, die Industrie- und Handelskammer ist Mitorganisator zahlreicher Ausbildungsmessen, bei denen sie die Interessen der Unternehmen vor Ort vertritt. Welche Vorteile bietet Ihrer Ansicht nach eine Teilnahme für Ausbildungsbetriebe?

Herr Grünwald: Für die Wirtschaft in der Region wird es immer schwieriger, geeigneten Nachwuchs zu finden. Heute gibt es zum Teil zu wenig passende Bewerber, große Probleme haben wir z. B. im Bereich der Gastronomie. Ein Stand auf einer Ausbildungsmesse kann auf jeden Fall helfen, bei den jugendlichen Besuchern das Interesse für bestimmte Berufe zu wecken und vielleicht auch Vorurteile gegenüber manchen Berufen zu beseitigen.

Radiomoderator: Frau Dittmann, auch Ihnen hat ja der Besuch einer Ausbildungsmesse bei der beruflichen Orientierung geholfen …

Frau Dittmann: Ja, wir waren schon in der 9. Klasse zum ersten Mal bei der großen IHK-Messe. Also ich fand, das war ein richtiges Event mit Musik und Treffpunkten, aber auch mit verschiedenen Workshops, z. B. zum Thema „Bewerbungstraining". Da haben sich Handwerksbetriebe vorgestellt, Banken und Versicherungen und eben auch die Vertreter der Stadtverwaltung. Die haben mir den Tipp gegeben, auf jeden Fall den erweiterten Realschulabschluss zu machen, wenn ich mich bei Ihnen bewerben will.

Radiomoderator: Herr Grünwald, von den Unternehmen hört man immer wieder, dass viele Schüler in den 9. und 10. Klassen noch gar keine genaue Idee haben, welche Richtung sie beruflich einschlagen möchten …

Herr Grünwald: Ja, das stimmt. Unserer Ansicht nach gibt es an den Schulen selbst zu wenig Impulse und Aktivitäten im Bereich Berufsorientierung. Die Messen sind für Schüler ab der 9. Klasse eine gute Möglichkeit, sich unkompliziert und ganz konkret über Ausbildungsplätze und ihre Chancen in ihrem Traumberuf zu informieren.

Frau Dittmann: Das kann ich nur bestätigen. Viele meiner Mitschüler hatten ganz unrealistische Vorstellungen. Erst nach dem Besuch der Ausbildungsmesse wussten sie

genauer, welche Voraussetzungen und Kenntnisse man für einen bestimmten Beruf mitbringen muss, und auch, dass es noch viele andere Berufe gibt, die interessant sind und für die man vielleicht sogar besser geeignet ist.

Radiomoderator: Herr Grünwald, als Mitorganisator von Ausbildungsmessen ist die IHK natürlich an möglichst vielen Besuchern interessiert. Wie machen Sie denn auf die Veranstaltungen aufmerksam?

Herr Grünwald: Erstmal über die Medien: die lokale Presse, das Internet, aber auch durch …

◎ 6

Radiomoderator: Guten Tag, meine Damen und Herren, willkommen zum zweiten Teil unserer Sendereihe „Fit für den Job". Unser Thema heute ist das Bewerbungs- oder Vorstellungsgespräch und was man dabei beachten sollte. Hören Sie dazu zuerst einen kurzen Vortrag, den wir anlässlich einer Informationsveranstaltung der Agentur für Arbeit aufgenommen haben. Die Referentin, Frau Eva Zeugner, ist auch unser heutiger Studiogast und wird anschließend gern einige telefonisch übermittelte Fragen unserer Zuhörer beantworten.

Frau Zeugner: Wer sich heute um einen Arbeitsplatz bewirbt, muss viele Dinge beachten. Das beginnt mit dem Bewerbungsschreiben und der Zusammenstellung der dazugehörenden Unterlagen. Wer den ersten Schritt gemeistert hat, zählt vielleicht zu den Auserwählten, die zum Vorstellungsgespräch eingeladen werden. Die meisten Arbeitgeber wollen in dieser Situation die Kandidaten genauer unter die Lupe nehmen. Deshalb mein erster Ratschlag: Bereiten Sie sich gut vor. Informieren Sie sich gründlich über das Unternehmen, bei dem Sie sich beworben haben. Die Internetseite der Firma, aber auch Zeitungsartikel oder Werbeanzeigen sind da nützliche Quellen. Sie können sicher sein, dass im Gespräch entsprechende Fragen eine Rolle spielen.
Zweitens: Denken Sie daran, dass der erste Eindruck, den Sie bei der Vorstellung machen, entscheidend sein kann. Erscheinen Sie deshalb unbedingt pünktlich und in angemessener Kleidung. Das muss übrigens nicht immer der formelle Business-Look sein. Wichtig ist insgesamt ein gepflegtes Erscheinungsbild. Und vergessen Sie nicht, sich vorzustellen: mit Vor- und Zunamen.
Drittens: Bleiben Sie in jeder Situation authentisch. Reden Sie so, wie Sie es auch normalerweise im beruflichen Umfeld tun. Sprechen Sie ruhig Gefühle an, zeigen Sie Begeisterung. Das wird fast immer positiv aufgenommen.
Seien Sie sich darüber im Klaren, dass ein Bewerbungsgespräch ähnlich wie eine mündliche Prüfung verläuft. Oft ist nicht nur der Personalchef anwesend, sondern mehrere Firmenmitglieder. In so einer Situation wird

wohl jeder nervös sein und deshalb ist es besonders wichtig, auf die Sprache des Körpers zu achten. Dazu gehören Blickkontakt mit dem Gegenüber, eine feste, klare Stimme und eine aufrechte Sitzhaltung, die Interesse und Offenheit signalisiert.

Sehr oft werde ich gefragt, welche Fragen man typischerweise in einem Bewerbungsgespräch erwarten kann. Das lässt sich natürlich nicht immer genau vorhersagen – Personalchefs sind da manchmal sehr erfindungsreich. Aber bestimmt möchte man von Ihnen wissen, warum Sie sich gerade für diese Firma entschieden haben. Sehr beliebt sind auch Fragen nach den persönlichen Schwächen und Stärken oder etwas allgemeiner formuliert: „Wie würden Sie sich als Mensch beschreiben?" Oft interessiert man sich auch für die Zukunftspläne des Bewerbers. Aber Vorsicht, Fragen, die Ihr Privatleben betreffen, müssen Sie nicht unbedingt beantworten. Allgemein möchte ich Ihnen zum Schluss empfehlen, in der Gesprächssituation selber aktiv zu werden. Stellen Sie Ihrerseits Fragen und bringen Sie sich ein. Sie können sich auch vorbereiten, indem Sie die Situation mit einem Familienmitglied oder einem Freund vorher durchspielen. Die Agentur für Arbeit bietet …

◉ 7

Radiomoderator: Auf die Frage nach ihrem Lieblingssport gibt es wohl für viele Jungen und junge Männer in Deutschland nur eine Antwort: Fußball natürlich. Ein großer Teil von ihnen ist in heimischen Vereinen organisiert, trainiert regelmäßig und nimmt am Wochenende an Punktspielen teil. Aber nur sehr wenige schaffen es, sich einen Platz in einem Fußballinternat eines großen Vereins zu erspielen. Wie man dort hinkommt und wie der Alltag für die Jugend-Kicker dort aussieht, hat mein Kollege Franz Mertens im Gespräch mit der DFB-Referentin Martina Lech erfahren.

Herr Mertens: Frau Lech, renommierte Fußballvereine wie der FC Bayern oder Bayer Leverkusen haben eigene Internate und Leistungszentren für ihren Nachwuchs. Wie funktioniert die Auswahl der Spieler?

Frau Lech: Ein Teil der Nachwuchstalente hat sich aus dem Heimatverein zielstrebig in den Kader eines der großen Fußballvereine hochgearbeitet. Andere werden bei Auswahlturnieren von Talent-Scouts oder Trainern entdeckt und zum Probetraining eingeladen.

Herr Mertens: Welche Veränderungen bringt die Aufnahme in das Leistungszentrum für die jungen Spieler?

Frau Lech: Für einige von ihnen heißt es als Erstes Abschied von ihrer Familie zu nehmen, da sie im Vereinsinternat untergebracht werden. Die 14- bis 17-jährigen Spieler kommen ja aus allen Teilen Deutschlands, manche auch aus Österreich.

Herr Mertens: Wie wohnen und leben denn die jungen Sportler im Fußballinternat?

Frau Lech: Also erst einmal muss man sagen, dass die Häuser sehr gut ausgestattet sind. Es sind keine Luxushotels, aber die Jungen haben geräumige, komplett eingerichtete Zimmer. Die Gebäude liegen meist direkt neben den Trainingsplätzen, es gibt Bereiche für Fitness und für die medizinische beziehungsweise physiotherapeutische Betreuung.

Herr Mertens: Und der Alltag? Wie funktioniert der? Die Jugendlichen müssen ja auch die Schule besuchen.

Frau Lech: Die jungen Spieler in den Internaten haben im Vergleich zu ihren Altersgenossen einen sehr stressigen Alltag mit vielen Terminen. Die Internatsbetriebe arbeiten mit Partnerschulen zusammen; wir nehmen die schulische Ausbildung genauso ernst wie die sportliche und unterstützen die Jungen durch Nachhilfe und Hausaufgabenbetreuung. Jeder Tag hat ein klares Programm: Frühstück, Schule, Mittagessen, Hausaufgaben, Training, am Wochenende Punktspiele.

Herr Mertens: Bleibt denn da überhaupt freie Zeit zum Beispiel für Freunde und Familie?

Frau Lech: Die jungen Spieler fahren in der Regel einmal im Monat zu den Eltern in ihren Heimatort. Sie verzichten auf lange Diskonächte und oft auch auf eine Freundin. Normalerweise ist im Internat um 22 Uhr Bettruhe angesagt. Aber das ist für die meisten kein Problem, denn für ihr großes Ziel sind sie bereit, einiges in Kauf zu nehmen. Einmal als Profi ganz oben ankommen und später vom Fußballspielen gut leben können – davon träumen doch alle!

◉ 8

Radiomoderator: Hallo liebe Zuhörerinnen und Zuhörer. Schön, dass Sie wieder eingeschaltet haben zu unserer Sendereihe „Menschen und Märkte". Unser Gast heute ist Frau Dr. Hegemann, Marketingexpertin und freie Journalistin.

Frau Dr. Hegemann, unser Thema heute ist die so genannte „Magic Town" Haßloch in der Nähe von Mannheim und Ludwigshafen. Was ist denn so magisch an der Stadt Haßloch?

Frau Hagemann: Eigentlich gar nichts. Im Gegenteil, Haßloch ist eine ganz gewöhnliche Stadt mit circa 20 000 Einwohnern, wie es sie tausendfach in Deutschland gibt. Die soziodemografische Struktur ist repräsentativ für die gesamte Bevölkerung der Bundesrepublik und deshalb wird Haßloch von der Gesellschaft für Konsumforschung als Testmarkt genutzt.

Radiomoderator: Müssen also alle Konsumenten im Testgebiet in einem speziellen Supermarkt einkaufen?

Frau Hagemann: Nein, nein. Die Waren, die getestet werden, stehen in ganz normalen Geschäften in den Regalen. Die Kunden sollen gar nicht merken, dass sie ein neues Produkt kaufen, das offiziell auf dem bundesdeutschen Markt noch nicht existiert. Wichtig ist nur, dass die Tester ihre Einkäufe vor allem in Haßloch tätigen und nicht in der benachbarten Großstadt.

Radiomoderator: Sind denn alle Einwohner von Haßloch automatisch Testkäufer?

Frau Hagemann: Die Teilnahme ist natürlich absolut freiwillig und von den circa 10 000 Haushalten in der Stadt sind nur 3500 als Tester angemeldet. Normalerweise machen die Leute gerne mit, sie können ja mitbestimmen, was zukünftig auf den Markt kommt. Andererseits wird ihr Konsumverhalten natürlich genau erfasst und durchleuchtet.

Radiomoderator: Frau Dr. Hegemann, wie sollen sich denn unsere Hörerinnen und Hörer so einen Testlauf vorstellen?

Frau Hagemann: Also erstmal wird jeder Einkauf der Testkunden über eine spezielle Chipkarte an der Kasse registriert. Außerdem testet die GfK, wie sich Fernseh- und Zeitschriftenwerbung auf das Kaufverhalten auswirkt. Die Teilnehmer rezipieren über ihr Kabelfernsehen und ihre Fernsehzeitschrift neue Werbestrategien, für die sie sozusagen exklusive Versuchskaninchen sind.

Radiomoderator: Lohnt sich denn der ganze Aufwand überhaupt? Die Tests dauern ja im Durchschnitt 13 bis 26 Wochen und sie kosten eine Menge Geld.

Frau Hagemann: Für die Produzenten ist so ein Testmarkt in einer „magic town" Gold wert. Was hier Erfolg hat, wird sich auch in ganz Deutschland gut verkaufen. Wenn ein Produkt ohne Test auf den Markt kommt und bei den Kunden durchfällt, kostet das die Unternehmen Millionen.

Radiomoderator: Zum Schluss habe ich noch eine persönliche Frage an Sie, Frau Dr. Hegemann. Gehen Sie als Expertin für Markt- und Werbestrategien eigentlich gern einkaufen?

Frau Hagemann: Normalerweise treffe ich meine Kaufentscheidungen sehr bewusst und kritisch und ich bin bestimmt nicht der Typ, der mit Freundinnen ausgedehnte Shopping-Touren unternimmt. Aber völlig immun gegen Verführung durch Werbung und Kaufanreize bin ich auch nicht. Bei Schnäppchen und im Schlussverkauf schaltet sich mein Wissenschaftler-Gehirn schon mal aus!

Radiomoderator: Vielen Dank Frau Dr. Hegemann für Ihren Besuch bei uns im Studio und für das interessante Gespräch.

 9

Radiomoderator: Guten Morgen liebe Zuhörerinnen und Zuhörer und willkommen zur heutigen Ausgabe unseres Frühstücksmagazins. In unserer „kulinarischen Ecke" begrüße ich heute einen Gast mit einem ganz besonderen Beruf, der in diesem Fall wohl auch Berufung ist. Herr Schwab, Sie sind als Chocolatier in einer kleinen Manufaktur hier in Berlin beschäftigt. Trinken Sie auch Schokolade zum Frühstück?

Herr Schwab: Nein, da bevorzuge ich doch eine Tasse Kaffee. Aber früher wurde mehr Schokolade getrunken, zuerst nur in den Königshäusern und bei den Adligen und ab Mitte des 19. Jahrhunderts etwa auch in bürgerlichen Familien.

Radiomoderator: Seit wann kennt man denn überhaupt Schokolade als Genuss- oder Lebensmittel?

Herr Schwab: Da können Sie fast 3000 Jahre zurückgehen. Schon die Azteken und Maya in Mittelamerika kannten den Kakaobaum und verehrten den Kakaogott. Bei ihnen war Schokolade als Getränk verbreitet – nicht in fester Form – und die Kakaobohnen dienten den Indianern als Zahlungsmittel.

Radiomoderator: Und wie ist die Schokolade dann nach Europa gekommen?

Herr Schwab: Die haben die spanischen Eroberer mitgebracht. Sie interessierten sich nicht nur für die Goldschätze der Inka, sondern auch für Pflanzen, zum Beispiel Gewürze, mit denen man Handel treiben konnte. Übrigens schmeckte den Europäern das Kakaogetränk, so wie es die indianischen Kulturvölker zubereiteten, gar nicht: es war ihnen zu bitter. Deshalb fügten sie Zucker oder Honig hinzu.

Radiomoderator: Schokolade war also lange Zeit ein Luxusgut, denn Zucker war ja auch teuer und musste importiert werden.

Herr Schwab: Das stimmt. Die Situation änderte sich erst mit dem Anbau von Zuckerrüben und mit der Anwendung neuer Methoden in der Schokoladenproduktion. Gegen Ende des 19. Jahrhunderts gab es schon eine große Vielfalt auf dem Markt: Schokolade in Tafeln und Blöcken, Pralinen und die beliebten Hohlformen, Osterhasen oder Weihnachtsmänner zum Beispiel.

Radiomoderator: Sie stellen ja in Ihrer Manufaktur wie früher handgemachte Spezialitäten aus Schokolade her. Wie können Sie da überhaupt auf dem riesigen Markt heute bestehen?

Herr Schwab: Nun ja, wie in vielen Bereichen gibt es eben die Massenware und daneben die etwas teureren Produkte für den qualitätsbewussten Genießer. In unserer Manufaktur legen wir viel Wert auf handwerkliche Perfektion und erstklassige Rohstoffe. Und natürlich verzichten wir auch auf Geschmacksverstärker und Konservierungsstoffe. Den Unterschied kann der Kunde schmecken und er bezahlt dafür auch gerne etwas mehr.

Radio-Moderator: Herr Schwab, Sie arbeiten jetzt seit drei Jahren als Chocolatier. Wie und wo haben Sie diesen Beruf gelernt?

Herr Schwab: Also erst einmal muss man wissen, dass der Beruf des Chocolatiers in Deutschland offiziell gar nicht existiert. Die Bezeichnung ist nicht geschützt, das heißt im Prinzip kann sich jeder so nennen. Aber die meisten Fachleute in meiner Branche haben genauso wie ich eine Ausbildung als Konditor gemacht und dann später über Kurse und Weiterbildungen spezielle Chocolatier-Kenntnisse erworben.

Radio-Moderator: Und was sagt der Fachmann? Macht Schokolade wirklich glücklich und wie viel darf oder sollte man essen?

Herr Schwab: Schokolade enthält tatsächlich Substanzen, die die Ausschüttung von Glückshormonen anregen und auch einen Stoff, der ähnlich wie Koffein wirkt. Aber wie bei allen Genussmitteln ist ein Zuviel schädlich und kann sogar süchtig machen. In Deutschland, Österreich und in der Schweiz liegt der jährliche Schokoladenkonsum pro Kopf seit einiger Zeit so um die 10 Kilo, das sind circa zwei Tafeln pro Woche.

Radio-Moderator: Und das ist zu viel?!

Herr Schwab: Gesund ist es wohl nicht, wenn man den neuesten Forschungsergebnissen glauben mag. Meine Empfehlung: am besten dunkle Schokolade essen, zwei bis drei Stückchen pro Tag mit Genuss und ohne Reue. Dann kann man auch guten Gewissens etwas mehr Geld ausgeben, für eine besondere, handgemachte Schokolade eben!

Radio-Moderator: Herr Schwab, herzlichen Dank für die interessanten Informationen und falls unsere Zuhörer jetzt eine Pause brauchen, um sich auf die Suche nach einem Stück Schokolade zu machen, spielen wir erstmal Musik, passend zum Thema von der Gruppe „Hot Chocolate"…

◉ 10

Herr Neumann: Also ich bin kurz nach Kriegsende in Leipzig geboren, die Familie meiner Mutter lebte schon seit Generationen dort. Aber meine Eltern gehörten nicht zur Arbeiterklasse und deshalb hatten wir im so genannten Arbeiter- und Bauernstaat nur Probleme. Meine Schwester und ich waren sehr gut in der Schule, aber zu Abitur und Studium wären wir nicht zugelassen worden. Außerdem waren wir in der Kirche aktiv und nicht bei den Jungpionieren. Kurz vor dem Mauerbau sind wir mit der ganzen Familie in den Westen geflüchtet. Meine Mutter war richtig krank vor Heimweh, aber wir Kinder sollten frei aufwachsen und eine gute Zukunft haben.

Herr Schmidt: Ich bin Ende der Siebziger Jahre nach Westberlin gegangen, um dort zu studieren. Das war schon eine absurde Situation, man lebte ja wie auf einer Insel mitten in der DDR. Als Student war ich auch neugierig auf das Leben im anderen Teil der Stadt. Ich bin oft mit einem Tagesvisum 'rübergefahren und hab dort auch junge DDR-Bürger kennen gelernt, die ich regelmäßig besucht habe. Die meisten waren gar nicht so unzufrieden, aber dass sie nicht raus konnten und auch mal in westliche Länder reisen, das hat sie gestört. Dabei wären sie bestimmt alle wieder in die DDR zurückgekehrt, es war ja nicht alles schlecht im Sozialismus.

Frau Reuter: Manche Leute denken ja, dass wir in der DDR nicht mal genug zu essen hatten. Aber alles, was an Grundnahrungsmitteln in der DDR produziert wurde, gab's eigentlich immer und zu relativ niedrigen Preisen: Brot, Wurst, Fleisch, Weißkohl, Äpfel … Andere Dinge konnte man nur zeitweise kaufen, zum Beispiel Fisch, Käse oder besondere Konserven, da musste man schnell sein. Im Intershop gab es Westwaren, aber nur gegen Westgeld. Ich war bei der Armee und durfte da sowieso nicht rein. Heute sind ja dem Konsum überhaupt keine Grenzen mehr gesetzt, alles ist im Überfluss da. Macht die Leute aber auch nicht zufriedener. War ich früher glücklich, wenn ich mal was Besonderes im Laden erwischt hatte, Bettwäsche oder schöne Kinderkleidung!

Herr Behr: Ich bin in der Nachkriegszeit in der BRD aufgewachsen. Meine Familie hatte Verwandtschaft in der DDR. Es gab kaum Möglichkeiten, Kontakt zu halten, Telefonieren war schwierig und die Briefe wurden zensiert. Auch die Pakete haben sie an der Grenze kontrolliert. Wir haben meistens Kaffee, Süßigkeiten und auch Kleidung oder Bettwäsche geschickt. Meine Großmutter durfte uns erst besuchen, als sie Rentnerin war. In der DDR hatten sie ja vor allem Angst, dass junge, gut ausgebildete Arbeitskräfte in den Westen flüchten. Einige Mitglieder der Familie haben sich erst nach der Wende, nach 38 Jahren wieder gesehen! Viel zu spät …

Frau Solms: 78 Jahre bin ich jetzt alt. Zu DDR-Zeiten hatte ich eine gute Arbeit als Chemiefacharbeiter im Kombinat, aber die habe ich kurz nach der Wende verloren und dann nie mehr eine feste Stelle bekommen: „zu alt" hieß es immer. Ich bin verbittert und traurig, so hatte ich mir meinen Lebensabend nicht vorgestellt. Was nützen mir

Reisefreiheit und die vielen Konsummöglichkeiten, wenn meine Rente gerade mal für das Nötigste reicht? Ich gehe abends auch nicht mehr vor die Tür, neulich haben sie versucht, mir die Handtasche zu stehlen. So viel Kriminalität gab es in der DDR nicht.

◉ 11

Journalistin: Wer nach den Kultur-Hauptstädten Deutschlands gefragt wird, dem fallen wahrscheinlich Berlin, Hamburg oder München ein. Aber Mannheim? Dabei ist die zweitgrößte Stadt in Baden-Württemberg in den letzten Jahren zur heimlichen Musik-Hauptstadt der Republik geworden.
Seit 2003 gibt es dort die Popakademie, die einzige Hochschule, an der man in Deutschland einen akademischen Titel im Bereich Popmusik – von Punk über Funk zu Soul und HipHop – erwerben kann. Die Popakademie Mannheim wurde vom Land Baden-Württemberg gegründet, finanziert wird sie aber nicht nur mit öffentlichen Mitteln, sondern auch durch die Unterstützung privater Partner aus der Musik- und Medienbranche. Es ist eine sehr kleine, aber feine Hochschule, die seit Ende 2004 ihren Sitz in einem Neubau im Mannheimer Stadtteil Jungbusch hat. In direkter Nähe befindet sich der „Musikpark", ein Gründerzentrum der Musikwirtschaft mit Tonstudios, Booking-Agenturen und Verlagen. Jungbusch, zwischen Rhein und Neckar gelegen, ist das Hafenviertel der Stadt und ein sehr lebendiges Wohngebiet mit schönen Altbauten, vielen Kneipen und Bars. Die Popakademie bietet zwei Studiengänge, die jeweils zum Wintersemester beginnen: Popmusikdesign und Musikbusiness. Jedes Jahr werden von ca. 600 Bewerbern maximal 60 aufgenommen. Wie an allen anderen Hochschulen in Baden-Württemberg sind auch an der Popakademie Studiengebühren zu zahlen: 500 Euro pro Semester.
Wer Popmusikdesign studieren möchte, muss eine CD oder DVD mit drei eigenen Songs einreichen. In der Aufnahmeprüfung müssen die Kandidaten zeigen, dass sie ihr Instrument – das kann natürlich auch die eigene Stimme sein – beherrschen. In sechs Semestern sollen die Studenten ihr musikalisches und kreatives Potenzial entwickeln und ein zweites Musikinstrument erlernen. Im Studiengang Musikbusiness werden zukünftige Musikmanager ausgebildet. Die Studenten beschäftigen sich mit Musikwirtschaft, Marketing und den neuen Medien. Zwei Praktika, z. B. beim Radio oder bei Musikverlagen, sind obligatorischer Bestandteil des ebenfalls sechssemestrigen Studiums.
Die Dozenten der Popakademie sind erfahrene Musiker und Profis der Branche. Auch bekannte Musikgrößen wie Xavier Naidoo, Udo Lindenberg oder Mousse T. unterrichten als Gastdozenten. Am Ende des Studiums müssen die Studenten noch einen Abschlussarbeit vorlegen und einige Prüfungen bestehen, bevor sie sich „Bachelor of Arts" nennen können. Viel wichtiger als der Titel sind für viele Absolventen aber die zahlreichen Kontakte, die sie während des Studiums aufbauen konnten, denn die braucht man unbedingt, wenn man als Musiker genug Geld zum Leben verdienen will!

◉ 12

Radiomoderator: Guten Abend liebe Zuhörer und Zuhörerinnen. Schön, dass Sie wieder eingeschaltet haben zu unserer Sendung „Ihre Sorgen, unsere Sorgen – das Ratgeber-Magazin". Heute geht es um das Thema Medienerziehung und ich begrüße als Gast und Experten im Studio Herrn Wolfgang Obermeier. Herr Obermeier, Sie arbeiten als Medienpädagoge beim Jugendamt der Stadt Bremen. Mit welchen Problemen beschäftigen Sie sich dort?

Herr Obermeier: Nun, es ist nicht mehr zu übersehen, dass wir in einer von Medien geprägten Welt leben. Oft sind Eltern, Erzieher und Lehrer hilflos, wenn es darum geht, den Medienkonsum von Kindern und Jugendlichen zu steuern. Sie haben Angst, dass die Kinder Suchtverhalten entwickeln und Schule oder Freunde und Hobbys vernachlässigen.

Radiomoderator: Was sind denn nach Ihren Erfahrungen wichtige Maßnahmen, um dieses Risiko zu verringern?

Herr Obermeier: In Erziehungsfragen ist es immer wichtig, das gesunde Mittelmaß im Blick zu behalten. Deshalb sollten Eltern keine radikalen Verbote aussprechen, sondern klare Regeln verabreden, wie lange und wann die Kinder z. B. am Computer spielen oder im Internet surfen dürfen. Eltern sollten über die Spiele-Software informiert sein und auf die Alterskennzeichnung achten. Beim Surfen im Internet kann eine spezielle Schutzsoftware dafür sorgen, dass die Kinder keinen Zugang zu problematischen Seiten haben.

Radiomoderator: Und was sind Ihre Empfehlungen in Bezug auf die sozialen Netzwerke wie z. B. Facebook oder Schüler-VZ? Die Kommunikation über diese Seiten ist ja gerade bei jungen Leuten sehr beliebt.

Herr Obermeier: Das stimmt, deshalb ist es auch hier wichtig, dass Eltern und Lehrer mit den Kindern und Jugendlichen über das richtige Verhalten sprechen. Das betrifft besonders Angaben zur Person oder private Fotos, die ins Netz gestellt werden und dann – unter Umständen über längere Zeit – öffentlich zugänglich sind.

Radiomoderator: Jetzt haben wir nur über Computer und Internet gesprochen. Ist Fernsehen überhaupt noch ein Thema für Medienpädagogen?

Herr Obermeier: Auf jeden Fall. Problematisch ist z. B., dass der Fernseher oft als Babysitter für kleinere Kinder benutzt wird. Und dass immer mehr Kinder schon sehr früh ein eigenes Fernsehgerät im Kinderzimmer zur Verfügung haben. Natürlich sollten die Eltern in Sachen Fernsehkonsum mit gutem Beispiel vorangehen und nicht selber stundenlang vor der Kiste sitzen und wahllos durch die Programme zappen.

Radiomoderator: Herr Obermeier, könnten Sie zum Schluss unseren Zuhörern und Zuhörerinnen noch drei Tipps geben, wie sie den Medienkonsum ihrer Kinder in vernünftige Bahnen lenken?

Herr Obermeier: Erstens: Bleiben Sie mit Ihren Kindern im Gespräch. Zweitens: Vertrauen und Gemeinsamkeit sind besser als ständige Kontrollen. Drittens: Wenden Sie sich bei ernsthaften Problemen rechtzeitig an die entsprechenden Fachleute.

Radiomoderator: Vielen Dank für das Gespräch. Für interessierte Zuhörer und Zuhörerinnen haben wir übrigens wie immer weitere Informationen und Links zum Thema unter www …

◎ 13

Frau Werner: Berlin multikulturell – das ist das Thema des folgenden Kurzreferats. Obwohl der Ausländeranteil in anderen deutschen Großstädten deutlich höher ist, ist die Mischung verschiedener Nationalitäten, Sprachen, Religionen und Lebensstile in der Hauptstadt besonders bunt. Unsere Referentin Frau Leutner erläutert die Hintergründe und skizziert die geschichtliche Entwicklung.

Frau Leutner: Wer in Berlin Kreuzberg oder Neukölln besucht, erlebt die Vielfalt der Kulturen im Alltag der Stadt: türkische Wochenmärkte, arabische Cafés, Asia-Läden, Vereinslokale von Sportvereinen mit ausländischen Namen usw. Seitdem die ersten damals so genannten „Gastarbeiter" in die noch junge Bundesrepublik kamen, haben sich in vielen deutschen Großstädten ähnliche Lebenswelten entwickelt. Begonnen hat alles im Jahr 1955, als ein Anwerbeabkommen mit Italien geschlossen wurde. Deutschland brauchte Arbeitskräfte für die expandierende Wirtschaft und es kamen bald weitere Länder als Partner hinzu: Griechenland, Spanien, Portugal, Tunesien, Marokko, Jugoslawien und die Türkei.
Die ausländischen Arbeitnehmer, die in den 60er- und 70er-Jahren des vergangenen Jahrhunderts zuwanderten, hatten Anspruch auf eine unbefristete Aufenthaltserlaubnis, auch für ihre in Deutschland geborenen Kinder. Bis in die 1990er-Jahre hatten sich die ersten Ausländergenerationen zum Großteil etabliert. Viele haben sich selbständig gemacht und selber Unternehmen und Geschäfte aufgebaut.

Auch als Berlin Mauerstadt war – von 1961 bis 1989 – war der Westteil trotz der isolierten Lage multikulturell geprägt. Allein die kulturellen Einrichtungen und Programme der Alliierten in Westberlin – Franzosen, Briten und Amerikaner – sorgten für Internationalität. Schon damals kamen auch viele junge Leute aus dem Ausland in die Stadt, denn das Nachtleben und die subkulturelle Szene waren berühmt. Von der Mauer eingeschlossen war Berlin trotzdem eine sehr freie und offene Stadt. Nach der Wiedervereinigung änderte sich die internationale Mischung dadurch, dass verstärkt Menschen aus Osteuropa zuwanderten. Heute beträgt der Anteil der Zuwanderer in Berlin 13,7 Prozent, sie kommen aus über 180 Staaten, fast drei Viertel davon kommen aus europäischen Ländern.
Typisch für Berlin ist nach wie vor, dass sich besonders junge Ausländer für die Stadt interessieren: Austauschstudenten, Designer, Maler und Musiker zieht es magisch in die Hauptstadt auf der Suche nach Anregung und Aufregung. Ein Grund dafür ist auch, dass das Leben im Vergleich zu anderen europäischen Großstädten noch nicht so teuer ist. Es gibt bezahlbare Mietwohnungen und Atelierräume und in Szenevierteln wie im Prenzlauer Berg an jeder Straße Galerien, Clubs und „hippe" Läden. Bei verschiedenen Stadtfesten wird das multikulturelle Image der Stadt nach außen getragen, im täglichen Leben der Stadt bedeutet Multikultur aber vor allem, dass es ein friedliches und geregeltes Miteinander und gegenseitigen Austausch gibt. Dafür muss sich jeder Einzelne engagieren und Begriffe wie Toleranz und Offenheit nicht nur im Munde, sondern auch im Herzen führen!

◎ 14

Frau Schrader: Mein Mann und ich sind schon zum zweiten Mal in Wien. Beim ersten Mal vor drei Jahren sind wir ganz spontan und unvorbereitet übers Wochenende gefahren. Jetzt haben wir mehr Zeit und wollen auch das Umland, z. B. den schönen Wienerwald erkunden. Und wir haben über unser Reisebüro zwei interessante Stadtführungen unter dem Motto „Unbekanntes Wien" gebucht. Landschaft und Stadtgeschichte – das wollen wir diesmal kennen lernen.

Kerstin: Ich bin hier auf Klassenfahrt mit der 12. Klasse, fünf Tage bleiben wir hier. Ehrlich gesagt bin ich ein bisschen gestresst von unseren stundenlangen Besichtigungstouren. Diese Stadt ist so vollgestopft mit Geschichte und Tradition. Das Highlight bis jetzt waren die Katakomben unter dem Stephansdom, die waren echt krass. Heute Abend wollen wir mal losziehen in einen Club oder eine Kneipe. Ich hoffe, das Nachtleben hier ist nicht so museal wie der Rest der Stadt.

Herr Heuser: Wien ist wirklich eine Reise wert. Wir verbringen unseren Sommerurlaub jedes Jahr in Österreich und diesmal sind wir auch drei Tage in der Hauptstadt. Wir sind mit der Bahn gekommen und haben uns eine Wien-Karte gekauft. Damit können wir während unseres Aufenthalts alle öffentlichen Verkehrsmittel benutzen und bekommen Eintrittskarten für Museen oder fürs Theater günstiger.
Meine Frau will vor allem „Schlösser gucken" und heute Nachmittag geht's ins Haus der Musik und am Abend ins Konzert. Wir sind beide große Klassikfans.

Frau Bruder: Wenn ich am Wochenende Zeit habe, mache ich gern Ausflüge in interessante Städte. Ich war schon in Innsbruck und Salzburg. Wien ist ja etwas weiter weg, aber Freunde haben mir den Besuch wärmstens empfohlen. Leider habe ich nur Zeit für das touristische Standardprogramm – Stephansdom, Hofburg und vielleicht noch ein Museum – aber es macht auch Spaß, einfach durch die Innenstadt zu spazieren und die prächtigen Gebäude zu bewundern. Und abends gehe ich in ein kleines Lokal und genieße die Wiener Küche und einen guten Tropfen aus dem Weinviertel.

Herr Paul: Wir verbringen ein verlängertes Wochenende in Wien – mit der ganzen Familie. Hier wirkt ja alles sehr traditionsbewusst und konservativ. Deshalb waren wir angenehm überrascht, wie kinderfreundlich und entspannt es fast überall zugeht. Es gibt auch viele Sehenswürdigkeiten und Aktivitäten, die Kindern Spaß machen. Gestern waren wir z. B. in der Spanischen Hofreitschule und sind mit der Pferdekutsche, dem Fiaker, gefahren. Heute Nachmittag geht's in den Prater, erst ins Pratermuseum und danach dürfen die Kinder die Fahrgeschäfte ausprobieren. Mal sehen, vielleicht steigen wir ja auch in das berühmte Riesenrad.

◉ 15

Frau Becker: Seit drei Jahren lebe ich jetzt schon hier und ich muss sagen, ich lebe gerne hier und ich lebe gut. Nicht umsonst ist Zürich seit Jahren im internationalen Vergleich bei den Städten mit der besten Lebensqualität unter den Top Ten. Für mich zählen vor allem die Lage am See und die Nähe zu den Bergen als Pluspunkte, ja, und dass die Stadt sehr sauber ist. Auf der anderen Seite steht die Stadt auch ganz oben, was die Lebenshaltungskosten angeht. Besonders die Mietpreise sind in astronomische Höhen geklettert: umgerechnet bis zu 25 Euro pro Quadratmeter für eine Wohnung in guter Lage, das ist doch Wahnsinn!

Frau Pelichet: Ehrlich gesagt, kann ich mir gar nicht vorstellen, woanders zu leben. Genf ist meine Heimatstadt und ich kenne fast alles hier. Die Stadt ist ja von der Größe her überschaubar, aber die Atmosphäre ist trotzdem sehr weltoffen und multikulturell. Kein Wunder bei den vielen internationalen Organisationen hier. Ich arbeite übrigens für das Internationale Rote Kreuz; nach einem langen Tag im Büro genieße ich es, am See oder in einem der vielen Parks spazieren zu gehen. Die Umgebung der Stadt ist auch wunderschön. Die Leute hier sind sehr nach Frankreich orientiert. Viele fahren regelmäßig über die Grenze, um in Frankreich einzukaufen, weil besonders Lebensmittel dort billiger sind. Das ist das Einzige, was mich stört, dass hier alles so teuer ist.

Herr Meinart: Als Diplomat habe ich auch schon in anderen europäischen Hauptstädten gelebt, aber ich kann nicht behaupten, dass Bern als Bundesstadt zu provinziell ist. Die Stadt ist zwar nicht so international wie Genf zum Beispiel, aber die vielen Touristen und das abwechslungsreiche Kulturangebot bringen Leben und Farbe ins Bild. Das größte Problem stellt immer noch die Verkehrssituation dar, besonders am Bahnhofsplatz geht es oft chaotisch zu. Ansonsten ist das Leben hier sehr ruhig; die Berner erinnern mich immer an das Wappentier der Stadt, den Bären: so bodenständig, gelassen und verlässlich wie die meisten hier sind. Einen Minuspunkt muss ich aber noch erwähnen, das ist der Flughafen: der ist für Vielflieger wie mich, die oft international unterwegs sind, absolut uninteressant!

Frau Reidt: Ich hab' lange überlegt, ob ich zum Studieren in eine andere Stadt in der Schweiz gehen soll. Aber dann bin ich doch hier in Basel geblieben, wo ich die meiste Zeit verbracht habe. Ich wohne aber nicht bei meinen Eltern, sondern in einer Wohngemeinschaft. Zum Glück sind die Mieten hier noch bezahlbar. Basel ist traditionell Universitätsstadt, ich finde, die vielen Studenten sorgen für eine lebendige, frische Atmosphäre. Durch die direkte Nachbarschaft mit Frankreich und Deutschland und auch als Verkehrsknotenpunkt ist die Stadt international geprägt. Für mich stimmt das Klima, übrigens auch im Wortsinn: durch die Lage am Rheinknie haben wir oft sonniges und warmes Wetter.

Herr Leitner: Für mich ist Lausanne ein bisschen die kleine Schwester von Genf. Es gibt viel Gemeinsames: die Lage am Genfersee, die schönen Uferpromenaden, die ländliche Umgebung. Auch in Lausanne ist der Lebensstil eher französisch geprägt und ich finde, die Stadt hat fast schon mediterranes Flair. Viele Besucher wissen übrigens nicht, dass sie hier in der offiziellen Hauptstadt der Olympischen Bewegung sind. Dabei sieht man überall, dass die Stadt eine besondere Beziehung zum Sport hat. Es gibt so viele Einrichtungen, Vereine und das ganze Jahr über sportliche Veranstaltungen nicht nur auf internationaler Ebene, sondern auch für die breite Bevölkerung. Mir genügt es, jeden Tag mit dem Fahrrad zur Uni zu fahren, bei den vielen Steigungen ist das das beste Trainingsprogramm.

Quellenverzeichnis

Bildquellennachweis

Audio-CD „Dreimal Deutsch Arbeitsbuch"

Track	Titel	Seite	Zeit
1	In der Mitte Europas	6	2:54
2	Man spricht Deutsch	9	1:38
3	Die Lichter brennen	13	2:59
4	So wohnt man	16	3:45
5	Schul- und Lehrjahre	19	3:19
6	Das halbe Leben	22	3:22
7	Sport	25	3:01
8	Sie wünschen?	29	2:54
9	Es gibt Essen!	31	4:38
10	Zwei deutsche Staaten	36	4:13
11	Literatur und Musik	43	2:55
12	Medienmarkt	49	3:13
13	Berlin	55	3:25
14	Wien	61	3:10
15	In der Schweiz: Regionales	64	4:20
	Gesamtzeit		**49:55**

Aufnahmeleitung
Ernst Klett Sprachen GmbH, Stuttgart

Produktion
Bauer Tonstudios GmbH, Ludwigsburg

Sprecher
Gabrijel Čabraja, Anna und Sylvie Cloeren, Andrea
Frater-Vogel, Elena Herrmann, Kathrin Hildebrand,
Jochen Lohmeyer, Stefan Moos, Monika und Gerd Neustadt,
Michael Speer, Wolfgang Volz, Ella Werner

Presswerk
Optimal Media Production GmbH, Röbel/Müritz